从业者之歌
——从扛草工到企业掌门人

陈志凌 著

敦煌文艺出版社

图书在版编目（ＣＩＰ）数据

从业者之歌：从扛草工到企业掌门人 / 陈志凌著. -- 兰州：敦煌文艺出版社, 2019.12
ISBN 978-7-5468-1479-7

Ⅰ.①从… Ⅱ.①陈… Ⅲ.①纺织工业-工业企业管理-江苏-文集 Ⅳ.① F426.81-53

中国版本图书馆 CIP 数据核字 (2020) 第 017112 号

从业者之歌：从扛草工到企业掌门人
陈志凌　著

策　　划：曹　阳
责任编辑：杜鹏鹏
装帧设计：张守耐

敦煌文艺出版社出版、发行
地址：（730030）兰州市城关区曹家巷1号
邮箱：dunhuangwenyi1958@163.com
0931-8152351（编辑部）
0931-8773112　8773235（发行部）

武汉市卓源印务有限公司印刷
开本 710毫米×1000毫米　1/16　印张 13.75　插页 4　字数 240 千
2020 年 12 月第 1 版　2020 年 12 月第 1 次印刷
印数：1~3000

ISBN 978-7-5468-1479-7
定价：79.90 元

如发现印装质量问题，影响阅读，请与出版社联系调换。
本书所有内容经作者同意授权，并许可使用。
未经同意，不得以任何形式复制转载。

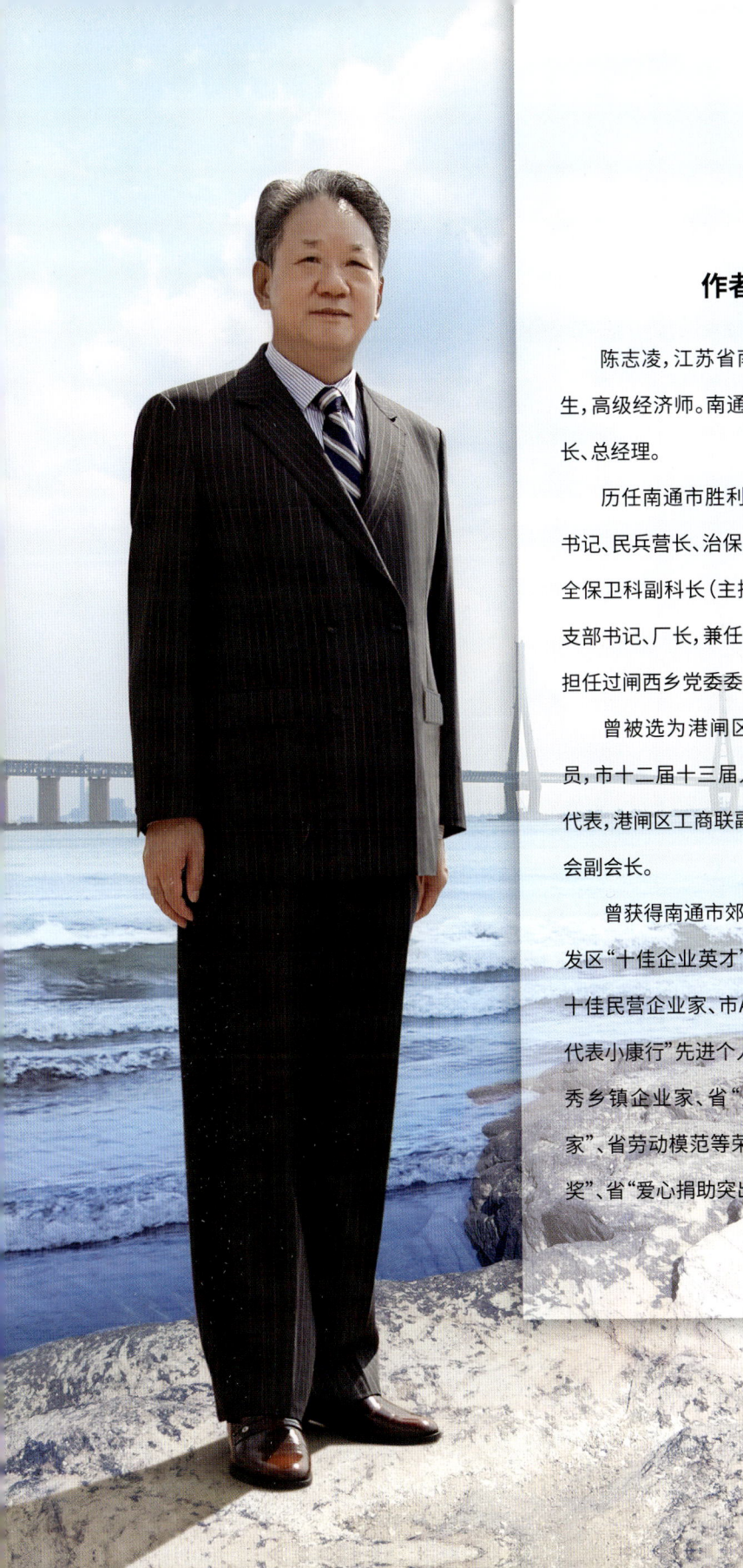

作者简介

陈志凌，江苏省南通市人，1955年8月出生，高级经济师。南通惟越集团有限公司董事长、总经理。

历任南通市胜利公社团结大队团支部副书记、民兵营长、治保主任，南通市胜利纱厂安全保卫科副科长（主持工作）、政工科科长、党支部书记、厂长，兼任南通市棉织十一厂厂长，担任过闸西乡党委委员、乡长助理。

曾被选为港闸区区委五届、六届候补委员，市十二届十三届人大代表、省十届党代会代表，港闸区工商联副主席、副会长，市纺织协会副会长。

曾获得南通市郊区优秀厂长、港闸经济开发区"十佳企业英才"、市首届民营企业家、市十佳民营企业家、市A级纳税人、市人大"万名代表小康行"先进个人、市劳动模范、江苏省优秀乡镇企业家、省"关爱员工优秀民营企业家"、省劳动模范等荣誉称号，并获得市"伯乐奖"、省"爱心捐助突出贡献奖"。

写在前面的话

我的从业时间是从20世纪70年代中期开始的，处于国家改革开放的初期与高潮。我从事的虽是农村基层工作和小型纺织厂的管理，但都充满着挑战性、竞争性、艰巨性和风险性。

回忆工作历程，既平坦又坎坷，既顺利又曲折。成就我的，除了党的培养、同事的支持外，也离不开父母对我的教育。身为纺织工人的母亲，对我说得最多的是："要讲道理，分对错；不能只顾自己不顾别人，有口饭要让给别人吃，自己吃饭要靠十个手指头苦，不能损害别人，不能做违法的事；要勤俭节约，有钱时要想到没钱时；要学铁人王进喜，做事不怕苦、不怕脏、不怕难、不投机。"身为种田人的父亲，对我说得最多的是："做事不能偷懒，如果十人做事，你一人偷懒，其余九人要帮你做；自己能做的事尽力去做，不给别人添麻烦；为自己想的时候也要为别人想，不能算计人、欺负人、亏待人。"从小到大的生活经历，渐渐使我养成了勤于思考、敢于做事、勇于担当、不惧艰难、真诚待人的品性。

人老了，给子女留下精神财富比物质财富更重要、更有意义。我希望子女把人做好、事业干好、奉献社会，于是把自己从业的经历、经验、教训、感悟整理出来，用文字的形式传承下去，以便他们不走或少走弯路，更不走歪路。

虽然年轻一代可能不会再经历我从业的"故事"，但"故事"中折射出来的做人、做事、做学问、学处世的道理与方法，是不会随时代变迁而改变的。

我只做了些非常平凡的事，并没有干出什么惊天动地的事业，是党的改革开放政策使我的从业之路越走越宽广。由于我的写作能力有限，要写好这本书，确实感到吃力。但是深感不写对不起各级党组织、历届领导和同事们、同学们、亲友们对我长期的帮助与支持。加之部分老领导、老同事曾多次鼓励我"出书"，思来想去还是下决心将自己的真情实感写出来，为子孙后代留点做人、做事、做学问、学处世的"引子",为社会传递点正能量。

陈志凌

2018 年 10 月

目　录

第一篇　业中故事 001

　　走好从业第一步 003

　　草场印记 004

　　在大队工作的日子里 006

　　与胜利纱厂结缘 010

　　编写《安全手册》 012

　　侦破"机油盗窃"案 015

　　夜间到医院服侍同事 017

　　临危受命当"村官" 018

　　学当企业"掌门人" 022

　　编写《管理人员工作规则》 025

　　党政齐抓厂兴旺 028

　　邀请分管工业区长来厂做报告 045

　　编写《生产工作手册》 046

　　编写《营销工作手册》 048

百万巨款历险记 050

风险大的情面不能给 051

区长来厂搞调查 052

力拒百万美元担保 054

拯救濒临倒闭的棉织十一厂 057

信守承诺不高就 071

自谋外贸"通关"权 072

秉持操守不受贿 073

想方设法破"两难" 074

区委鼓励我当"红色资本家" 076

顺势而为建新厂 078

竭力融资促发展 079

"四句话"得到省总工会主席赞赏 080

撰写《企业经典管理警句汇编》 091

审时度势抓转型 102

历时六年的官司 104

一次惊险的理财 110

多方认可的拆迁 112

第二篇　业中文稿 131

　　推进企业管理创新　不断适应全球经济 133

　　"惟"才是举　追求卓越 140

　　确立新理念　找准新目标　落实新举措　再创新业绩 150

　　在纺织科技硕士M聘用仪式上的讲话 167

　　在建设学习型企业动员会上的讲话 169

　　解读"另类"老板 171

　　在南通市星光少儿艺校建校十周年庆祝大会上的发言 178

　　充分发挥主观能动作用　致力化解企业面临困难 179

第三篇　业中感言 185

　　源于实践的真知灼见 187

第四篇　业外收获 197

　　潜心培育女儿成人成才 199

后　　记 209

第一篇 业中故事

时光如水径自去。随着时光的流逝，许多事在渐渐淡去，然而曾经的努力和付出，并没有因岁月的沧桑而尘封，反而时时在我眼前浮现……

走好从业第一步

1974年6月23日,我回乡参加生产队的重工(从事重体力农活的劳动力)劳动,正赶上生产队养猪场搬迁。

第二天下午,重工组组长安排我拆露天粪池,拆下来的砖头新养猪场急用,其余重工在猪舍内拆猪圈。那天上午,粪池的猪粪刚被挑完,四周的砖头上还残留着猪粪,池底的粪渣更多。当时我惊呆了,他们也都知道我比较爱干净,没想到我第一天参加劳动,组长就安排我做这么脏的活。我一时难以接受,可转念一想,如果我不做,组长还要安排其他人去做。我虽是重工组中的唯一高中生,但没有理由不接受安排,这也许是组长对我的考验和培养,于是我答应了。

那时,农村也没有皮手套之类的劳保用品,我回家换了一双高筒雨靴和一套长衣长裤,动手干了起来。拆了一会儿,天空下起了毛毛细雨,雨水混着猪粪从我手缝直往外冒,臭气不停地直往鼻孔里钻,令人窒息。尽管感到十分恶心,但我还是坚持把粪池全部拆完了。

时隔9年多,我回团结大队负责党支部工作,这位重工组长担心我报复她,可是我不仅没有这么做,还在一定程度上照顾了她。当时,虽然上级政府分配给大队的计划木材非常少,但我依照条件还是优先分配了两根木头给她维修房屋,春节前还批了生活救济金给她。她很感激,逢人就说我"人好"。

草场印记

1974年6月28日,我听大队金会计说要组织10个身体强壮的劳动力到南通造纸厂北草场扛草。

这是一份又苦又脏的活,国营造纸厂每年到了夏秋季节就临时招农民工去承担。当我向金会计报名时,金会计笑着对我说:"你就省省,六队的'八百斤'(某人的外号,因能抬八百斤而得名)到草场做了半天就认怂不去了,你还要去?"我非常坚决地说:"你帮我登记,我想去试试。"三天后,我正式去北草场上班。那时正值酷暑,火辣辣的太阳晒得水泥地发烫。我戴着帆布风帽,穿着厚衣服,以防虫叮咬、草戳。我从船上扛起草,走狭窄的翘板上岸,然后再跑50多米上磅秤,称重后再跑50米~120米,过翘板,上草垛。当时每捆草一般在130斤左右,一天要扛30多捆,每天干完活,我累得说话都没了力气。

最令我特别难忘的是一次在船底扛了一捆湿稻草送上草垛的经历。那时,两名捆草工把一捆看上去不大的草扶上我肩膀,我感到非常沉重。但又不好意思放下来,于是咬紧牙关,踏上船底的一块翘板颤颤巍巍地走到船边,再踏上一块翘板走到岸上,上岸后跑50多米,上磅秤一称,192斤!(当时我的体重只有123斤)。如果当时我把这捆草放下来,还需两名捆草工来重新分捆、两人扛。为了不耽误时间,我咬咬牙继续扛,跑了60多米后,再走9块翘板(每块7米长)连搭成的长道,上了11米多高的草垛,又在软绵绵的草垛上走了八九米,送到了垒草工指定位置。放下这捆草后,我瘫坐在草垛上,足足休息了六七分钟才能站起来。现在回想这一切,似乎就在昨天!

大热天到草场扛草的这段经历磨炼了我的意志,而我扛过的那捆192斤重的稻草,更是造就了我坚韧不拔的性格。在我46年的工作历程中,不管多苦多难,想想那捆草,我就有了继续前行的力量!

我的努力和勤奋，大家看在眼里。扛草不到两个月，草场负责人及工作人员对我给予了高度评价，南通造纸厂分管草场管理的科长把我调到纸厂纸浆车间工作，让我负责车间临时工的考勤、工资结算和政治学习，打算将我转为合同工。这时，大队党支部书记派人到我家，通知我到大队工作……

在大队工作的日子里

1974年9月底,胜利公社团结大队党支部决定让我担任大队理论辅导员和通讯报道组组长。

我到大队,先负责全大队理论学习和通讯报道工作,后兼大队民兵、治保、民调、文秘等工作。一开始做这些工作我感觉很陌生,内心充满了困惑。我深知,要做好这些工作,不但需要及时向领导请教,自己还必须十分努力地向内行学、向书本学,在实践中不断摸索、不断适应、不断总结、不断提高。

20世纪70年代,各级党组织对政治理论学习非常重视,搞好全大队政治理论学习,大队理论辅导员责无旁贷。于是我边学习边摸索边总结,力求做到形式与内容统一。具体做法如下。

第一,先行一步。收集上级政工部门下发的学习材料,自己先学懂弄通,同时阅读其他有关书籍和文章。

第二,健全组织。组建大队理论学习中心组,每个生产小队都配备一名理论辅导员,制订学习制度与学习计划。

第三,联系实际。了解并掌握大队中心工作及各个生产小队的生产实际、干部群众的思想动态,将学习与生产结合起来,将学习与干部群众的思想实际结合起来。

第四,用心备课。根据上级布置的学习内容和大队工作实际,用心编写学习辅导讲稿,力求通俗易懂,确保学习质量。

第五,注意形式和方法,力求达到更好的学习效果。

一是口述与板书相结合,适时提问与举例讲解相结合,分散学习与集中学习相结合。

二是列出专题编讲稿,挑选四五名理论骨干分段、轮流宣讲,其中安排一人主讲、点评，努力使群众感兴趣、不觉得时间长（那时大队集中学习一般都是半天）。

三是用群众语言编写小故事、快板、顺口溜等，组织专场表演和宣讲。

四是定期组织学习交流，有选择地确定发言重点和发言人，审核、修改发言稿。

五是将不同时期不同的学习重点，做成标语牌竖在醒目的地方，有的直接写在农户的墙上。

六是每年评选、表彰一次学习先进集体和先进个人。

通过两年多的努力，全大队政治理论学习氛围非常浓厚，各项工作开展得非常顺利。公社领导曾在三级（公社、大队、小队）干部大会上多次表扬我们大队，公社相关部门分批组织兄弟大队干部、理论辅导员来我们大队旁听政治学习。

公社每年对全公社10个生产大队向公社广播站、市广播电台、南通日报社等新闻媒体投稿数、录用数、获奖数进行评比。连续四年，我们大队通讯报道工作一直名列前茅。

20世纪70年代，国家正处于"备战备荒"时期，各级党组织对民兵工作抓得比较紧，对民兵训练也抓得特别严。每年底，公社人民武装部都要组织10个生产大队民兵排长以上干部脱产集训12—15天，每个生产大队一年至少要安排7—10天组织基干民兵脱产集训。除了农忙季节和雨雪天，每个生产大队每星期都要组织武装民兵（第一预备役）晨训1—2次，每次不少于1小时。公社人民武装部干部对各生产大队民兵训练组织抽查。

1978年7月，郊区人民武装部举行民兵大比武，一个公社选派一个生产大队民兵营参加。比赛课目：队列、刺杀、投弹、爆破、射击、匍匐前进等。全区挑选了十几个民兵营参加比武，经过激烈角逐，我们大队民兵营荣获总分第三名。

我22岁那年，大队党支部要求我兼任大队民事调解主任。全大队有11个生产小队，2100余人。那时农村经济落后，为一点利益也会酿成大的矛盾，诸如兄弟分家、子女养老、夫妻打架、邻居界址、雨天房屋前后排水等。民调工作需要花费的时间和精力特别多，有的矛盾往往一时半会调解不了。有的当事人不顾你工作忙不忙，随时随地来找你，白天找不到你，早晚在你家候着。有些人往往看不到自己的不足，你不一针见血地指出问题他毫不知错，指出来他又矢口否认，胡搅蛮缠，甚至对你横加指责、破口大骂，常常有不达目的，誓不罢休之势。

两年多的民事调解工作，加深了我对人、对事、对社会的认识，也使我掌握了一些预防和处理群众矛盾的方法与技巧。

20世纪70年代中后期，大队党支部派干部到生产小队蹲点是一项制度，上到大队党支部书记，下到大队团支部书记、理论辅导员都不例外。哪个小队问题多一点，大队书记就派我去。5年里我先后到9个生产小队蹲点，最使我难忘的是1974年秋到第十生产小队蹲点。这个小队有90余亩地、30余户人家、100余人口。刚开始，大队书记向我介绍：这个队中农、富裕中农比较多，小农经济思想比较严重，集体劳动时出工不出力，争执比较多。而队长是个文盲，会计与队长关系不协调。1973年，因为这个队的粮食和棉花单产低、社员收入少、群众矛盾多，综合评比，在全公社113个农业生产小队中排倒数第三位。队长因此在年底公社举办的落后生产小队队长培训班上哭过多次。大队书记吩咐我："你这次去一定要想办法把这个生产队搞上去。"

当时我想，我虽生在农村、长在农村，但对农业生产知识知之不多。要带这个队打"翻身仗"，必须下足功夫。于是我结合本队具体实情，采取了以下五种做法。

一、自己带头劳动。我虽住在第一生产小队，但从蹲点的第一天起，我就带着劳动工具到第十生产小队劳动，坚持每天第一个出工，最后一个收工。

二、通过各种渠道，采取各种方法，了解和掌握每一个劳动力的思想动态、劳动表现、脾气性格、家庭状况及家属的工作单位和社员之间关系等相关情况。

三、调节和改善队长与会计的关系，确保工作气氛融洽，尽力用好他们的长处。

四、紧密结合生产队劳动力的思想状况和劳动表现，结合季节、农活的具体情况，切实搞好每周两个晚上的政治学习。

五、虚心向有经验的老农学习，配合队长搞好秋播和田间管理。

我去第十生产小队时，正逢"三秋"（秋收、秋耕、秋种）大忙。我积极配合队长抓好水稻的收割，土地的翻整，元麦、小麦的播种，田间墒沟的开挖等工作，确保雨天田间不积水、庄稼能正常生长。春节后施肥时，队长与我说，施肥前最好在田间先用铁锹开出口子或用铁叉戳个小洞，这样施的肥才会渗透到土壤里去，不易挥发，效果才会更好。但是这要增加劳动量，劳力会更辛苦些。于是我与队长商量好，召开了小队全体社员会，把我们的想法和社员们一一说清楚，最后得到了绝大多数社员的赞成和支持。这一做法，成效显著，第二年元麦、小麦的亩产量分别达到 480 多斤和 560 多斤，在全公社 113 个农业小队中分别排第二名、第三名，棉花也获得丰收。这一年社员的经济收入比往年大大增加，生产小队年底被公社评为先进生产队。

1976 年 11 月底，市政府决定在狼山公社洪江大队地段、沿长江边、原江堤内约 200 米处围筑一条新江堤。当时由于没有工程机械，水利工程只有依赖"人海战术"。我们公社接到的任务是构筑一段长 400 米、底部宽 12 米、顶部宽 8 米、高 10 米的新堤，我大队承担其中的十分之一，要求在 1977 年春节前十天完成。我带了 42 名劳力前去（其中大多数是城市知青），分住在洪江大队第九生产小队的 7 户社员家中。稻草打地铺，集中食宿，统一管理。筑新堤的泥是从 100 多米远的地方采挖，用箩筐装，靠人抬。每只箩筐约装 250 斤的泥土。

12 月下旬，天寒地冻，寒风吹到脸上就像针刺、刀刮，长江边的风更大更冷，遇到雨雪天则让人更加难受。尽管如此，每天我都要提前到工地带头劳动。筑堤期间，相对轻松的挖泥工要替我抬泥，我都是叫他们去帮助那些力气小的知青。晚上收工吃完晚饭，我还要到房东家看望所有参加围堤的人员，了解情况、沟通交流。那时，我们每天伙食费人均只有 3 角 5 分到 4 角钱，中午和晚上吃的是咸菜、豆腐、黄芽菜、卷心菜等。两个月中大家只吃过两次数量不多的猪肉。为了争夺围堤先进红旗，最后 2 天，我们从第一天早晨 7 点到工地，一直干到第二天中午 12 点多，连续干了近 30 个小时。最终，我大队的围堤第一个通过上级竣工验收，夺得公社围堤指挥部授予的"围堤第一名"红旗。

我在大队工作到 1979 年 9 月 5 日结束。这 5 年的工作虽然非常辛苦，每月报酬只有 14 元—16 元，相当于当时乡办企业学徒工工资，只有兄弟大队同类人员的一半多，但是我常常安慰自己，少拿少用，把工作做好就行。回想这 5 年的工作，我感触良多，收获颇丰。1976 年 12 月，党组织发展我为中国共产党党员。

从业者之歌
——从扛草工到企业掌门人

与胜利纱厂结缘

1979年8月下旬,公社的胜利针织厂、胜利纱厂招工,我所在的大队分到5个名额。我非常执着地同大队党支部书记说:"前几次招工我都放弃了,这次就让我去吧。"大队书记真诚地同我说:"我一直想培养你当我的助手(大队副书记或副主任),你最好不要去。"

当时我想,在农村只能面朝黄土背朝天,很难干出自己想要的事业。再说我已25岁了,人家为我介绍的几位对象都在工厂工作,但因为我在农村工作,她们的父母不同意。那时正处在年轻人"眼望高烟囱,一心想做工,手握锄头柄,做事不来劲"的年代,国营、大集体工厂注定与农村青年无缘,就是乡办工厂也很少,想进厂比较困难。我把我的想法反复与大队书记说了,到招工报名的最后一天下午,大队书记对我说:"我真舍不得你走,但又不能误了你的前途,只好忍痛割爱了。"

1979年9月2日,公社工业管理办公室拟将我分配到胜利针织厂做民兵营长。我觉得胜利针织厂虽是本公社最大的社办厂,职工收入也比较高,但企业发展的前景不如胜利纱厂。胜利针织厂的主要产品是袜子,谁家有台织袜机就可生产。而胜利纱厂的主要产品是精纺纱,虽然买的是某国营纺织厂淘汰下来的英国1895年生产的五千锭设备,但企业发展前景要比针织厂好。纱厂需用的技术、人才、管理、信息等完全可以借助国营纺织厂的资源。于是我找了在市供电局工作的儒先姨兄,请他想办法帮我联系了我公社分管工业的主任,说出我的几点想法:一是我想趁年轻到纱厂学电工技术,不想到胜利针织厂当民兵营长;二是到纱厂上下班路途比较近;三是将来我有了孩子到公社中心小学——五接桥小学上学,我接送方便。最终主任批准了我的请求。

时事变迁,后来企业的发展和我当时的分析预测差不多,过了十几年针织厂关门了,纱厂却不断壮大。我庆幸自己的选择,也感激当初公社领导的照顾和姨兄的相助。

从业者之歌
——从扛草工到企业掌门人

编写《安全手册》

1979年9月6日,我去胜利纱厂报到,请求学电工。厂长(曾任公社围堤指挥部副总指挥)诚恳地与我说:"你就不要到配电间了,在办公室做文秘,兼做民兵管理等工作。"我同厂长说:"谢谢你对我的信任,你交代的任务我负责完成,我想趁年轻时学点电工技术。"厂长说:"分给你的工作一定要做好,有时间你可以去学电工技术。"

过了两个多月,厂长找我谈话,要我担任安全保卫科副科长(主持日常工作),具体负责全厂安全生产管理和治安保卫工作,不要再去学电工了。可我对企业安全生产一窍不通,如果工作不到位,造成重大人身事故或火灾事故,不仅损失无法弥补,安全部门负责人也要负法律责任,这副担子太重了。但仔细想想,我作为一名共产党员必须服从组织安排。

当时因为企业刚刚发展起来,绝大多数工人是来自农业生产第一线的农民和刚从学校毕业出来的学生,不仅安全意识、法律意识淡薄,生产常识也很匮乏。违章指挥、违章操作、违反劳动纪律、不注意安全的现象屡见不鲜,人身事故、火险事故、设备事故、交通事故时有发生。

针对上述情况,"头痛医头、脚痛医脚"肯定不行。牵牛要牵牛鼻,管人要管思想,安全要靠制度。当时工厂没有一套规范的安全管理制度,所以我决定结合法律法规和企业安全生产实际,编写《安全手册》。于是我对纱厂的主机设备、辅机设备、电气设施、除尘设施、空调设施、运输车辆等设备设施的安全性能做了深入系统的学习和了解,向挡车工、保全保养工、电工、空调工等人员学习,向老安全员和老师傅请教,并到同行企业去学习,收集整理本企业和兄弟单位有关安全生产方面的资料。历时9个多月,终于将12000多字的《安全手册》初稿完成。《安全手册》对全厂安全生产管理工作做出了全面、具体、明确的规定,对每个科室、车间、工段、班、组，对每道工序、每个工种、每个岗位安全操作规程、注意事项也分别做了详细的规定。《安全手册》初稿形成后，我分别请厂级干部、中层干部、班组长、设备负责人、车间安全员仔细审阅，提意见，作补充，直至修改完善。定稿后送到印刷厂印刷，人手一册。

为了《安全手册》得以更好地落实，我在厂长的支持下，着重抓了八个方面的工作。

第一，认真组织学习。首先组织管理干部学习，然后再分车间、分班次组织工人学习。

第二，组织考试竞赛。在全面学习的基础上，分别组织干部和工人进行安全知识考试，再由各科室、车间、班组选派代表参加全厂安全知识竞赛，设立一、二、三等奖和纪念奖，激发参赛人员的热情。

第三，抓好现场管理。要求每个车间、工段、班组都必须坚持做到"班前安全喊话、班中安全检查、班后安全点评"，发现问题及时整改。

第四，建立组织机构。设厂级专职安全管理员，各科室、车间、工段的负责人就是本科室、车间、工段的安全负责人，每个生产小组都配备了综合素质比较好的安全员。各级安全员每月至少参加一次活动，如发生了比较大的事故，所在科室、车间、工段负责人、班组长、小组安全员都必须参加分析会，没有特殊情况的班外安全员也必须参加事故分析会。

第五，每天安全巡查。安全部门坚持每天对全厂生产现场进行全面检查，重要部位反复检查。

第六，贴安全警示牌。每个工序、重点部位、重点设备都贴上针对性极强的安全操作规程和安全警示牌。

第七，厂长组织抽查。厂长每月至少组织一次各级安全员对全厂安全生产的抽查，特别是对事故隐患整改不力的部门、班组进行重点检查，切实解决安全管理中的突出问题。

第八，严肃处理事故。发生事故的责任科室、车间、班组都必须在第一时间向上一级领导口头汇报，两天内必须书面汇报。汇报要写明事故原因、经过、责任人、造成的损失、处理意见、今后防范措施等内容。对于小事故，由所在科室、车间、班组进行通报处理；对于较大事故，在全厂范围内进行通报处理。事故直接责任人都要进行深刻检查，并做出保证，分管领导同样被考核，扣发奖金。所有事故处理的相关资料均要存档。

  由于措施到位，全厂安全生产管理工作不断强化，各类事故发生率明显下降。区、乡多次来我厂召开安全生产管理现场会。40多年来，我所在的企业没有发生一起因工伤而死亡的事故或其他重大事故，这使我倍感欣慰。

侦破"机油盗窃"案

1981年5月的一天，厂长对我说，近几个月后纺保全保养休息室里存放的机油出现不正常的减少，直接影响生产车间设备传动部位加油润滑，要求我迅速侦破此案。

接到任务后我感到非常棘手，一点线索也没有，想了想觉得还是从摸清情况入手。于是我把休息室的9个人召集到一起，讲明情况、纪律和要求，再一一找来做调查笔录。每找一个人，就问他们休息室里的机油不正常减少，你知不知道是谁拿的？如果说知道的，我就问他们有什么依据、什么时候听说的或什么时候发现的。结果9个人中，7个人都说不知道谁拿的，只有两个人说，上周六看见W某带着拖拉机上的油箱来厂，但没有看见W某拿机油。这时我进一步核实情况，找到W某，问他上周六是否带着拖拉机油箱来过厂里，W某说有这事。我又问："这个油箱是谁的？"W某说是运输站Z某的。我接着问："你为什么要帮他这个忙？"W某说家中建房买砖头请他运的。我想不宜再继续问下去，也不宜直接去找Z某，只有借助外力，请公社派出所安排民警与我一起去找Z某了解具体情况。

一开始Z某不知道我们的意图，就根据我们的要求说了每月每天大概用多少机油、柴油，家里去年年底库存多少，今年一共买了多少，现在家里还存多少。Z某说了以后，我们提出要看他买机油、柴油的发票和存货，但他不同意。民警说："你不同意就说明你有问题，你认为你没有问题，就带我们去你家看看存货和发票。"Z某不得已，只好带我们去了他家。在他家里我们发现柴油比购货发票多了350余斤、机油多了40余斤。民警随即问Z某这是怎么回事，Z某支支吾吾讲不清。民警说你在这里讲不清，就请你到派出所去。我马上来了一个回旋，说："找你是为了弄清我厂少机油的事，这事你说清楚了我们就不再追究其他事了。"在这种情况下，Z 某交代了 W 某给他三次机油的时间、数量、交接地点和每次说话内容等细节。

第二天上午，W 某主动到我办公室，说 Z 某帮他家运过多次砖头，自己没有付运费，就在厂里拿了三次机油给 Z 某。这时，我发现 W 某讲的当中有两次具体情节不对，只有一次与 Z 某说的相符。我就仔细询问，并向他讲清有关厂规厂纪："如果你在厂说不清，只有把你交给派出所处理，如果你在厂说清楚了，可以从宽处理，替你保密。"考虑到 W 某当时只有 24 岁，是退伍军人，高中学历，没有谈对象，我还是从教育和帮助的角度出发，反复做他的思想工作。他终于交代了九次偷机油的具体经过。最后厂部也同意了我的建议：责成他写检查，按价赔偿，不公开处理。

事后，他痛改前非、追求进步，工作非常认真努力，两年后做了厂安保科专职安全员。

夜间到医院服侍同事

1982年6月的一天下午，厂长要我找一个能吃苦、不怕脏、家里走得开的人，当晚就去南通医院服侍我厂的财务科长。他患胃癌住院已一个多月，父母都已逝世，岳父母年纪大了，没有兄弟姐妹，两个孩子又小，爱人日夜服侍实在吃不消。

要找一个晚7时至第二天早7时服侍重症病人的人，且这人愿意端尿屎盆，困的时候只能在租来的躺椅上打个盹。而当时农村道路弯弯曲曲、坑坑洼洼，农村根本没有公交车，城里公交车的车次也很少，如果骑自行车去，单程要花六七十分钟的时间，找这样的人谈何容易啊！我想只有自己下班去。

那时医院卫生条件比较差，一进病区，走廊里的异味、病房里的药味、厕所里的臭味，实在令人难受。每次去倒便盆的时候，我就用左手捂着鼻子，侧着头，右手端平盆子。我想我必须努力适应这一切，才能使病人、家属、医护人员满意。我坚持做到白天正常上班，做好本职工作，完成厂领导安排的其他任务，夜间再到医院照顾同事。想要把这一切做好，我只能做好周密安排，千方百计提高时间利用率。同时求助于家人的帮助，请父母帮忙做点家务，请岳父母照顾怀孕的爱人，自己利用中午时间休息一会儿。

就这样，我坚持了五十多天，直至财务科长逝世。乐于助人，情义为重，这是做人的基本准则，这段经历真使我终生难忘。

临危受命当"村官"

1983年11月下旬的一个星期天中午,公社党委书记和分管农业的管委会副主任来到我家,与我谈话,要求我去团结大队任党支部副书记,主持工作。

当时团结大队有2100多人、1900多亩土地,多种情况交织,局面颇为复杂。一是依据1983年中共中央印发的《关于严厉打击刑事犯罪活动的决定》,团结大队有两名青年被判处死刑,两名被判无期,一名被判二十年有期徒刑,一名被判十五年有期徒刑;二是当年5月,原大队党支部书记、大队革委会副主任、大队会计因有关问题被免职,一名副主任被调离,大队主任被处分,因而人心涣散,大队管理工作近于瘫痪;三是因公社团委书记不再临时兼任团结大队党支部书记,大队急需有人主持工作,稳定大局。党委书记要求我到任后"建好干部队伍,刹住'四风'(吃喝风、赌博风、迷信风、腐化风),迅速改变全大队的面貌"。

那时我才29岁,面对如此重担,心里十分不安。第一次,党委书记和主任在我家做工作,和我谈了5个多小时。第二次,党委书记在党委会议室找我谈了2个多小时。面对如此复杂的现状,如何完成党委交代的任务,我心里一点底都没有,我不敢贸然接受这一重担。第三次,党委书记不再找我谈话,而是找了纱厂党支部书记、厂长,要求他们做好我的思想工作,让我第二天就去团结大队报到,并将郊区区委关于我任团结大队党支部副书记的批复放在我的办公桌上。我根本没有选择余地。

1983年12月2日下午,我怀着忐忑不安的心情去团结大队参加党员大会。会上党委书记宣读了区委关于我任职的批复,只配备了一名即将退休的原大队革委会主任协助我的工作。村主任、经济合作社社长、村总账会计等春节过后选举产生。

走马上任后,我面对的状况比想象的还要复杂、艰难:"严打"的阴影还在;

上访户多，家庭矛盾多，邻里纠纷多，困难户要补助的多，危房户要木材、砖头计划的多；团结羊毛衫厂已停产半年多；团结铸件厂用的生铁、焦炭等生产原辅材料比较紧缺……真可谓是百废待兴！面对重重困难，我只有硬着头皮分步解决。

第一步：分别召开全大队党员大会、生产队长以上的干部大会和社员大会，郑重宣布我的承诺——不收礼、不吃请、不搞亲疏、不以权谋私，主持正义、秉公办事、扎实工作；提出了"干部群众一条心，真做实干争先进；大队一年一个样，三年处处大变样"的口号。我的讲话赢得了与会者阵阵掌声，这为我在团结大队工作开了个好头。

第二步：开座谈会，走家串户，调查了解全大队11个生产小队的基本情况和存在的主要问题，调查了解队办企业运营状况和急需解决的问题。

第三步：选用了一名有点工作经验的老生产队长担任大队民事调解员，及时调解村民纠纷、平息民事纷争。

第四步：贯彻中央文件精神，全力以赴抓好大队体制改革。原团结大队改为团结村，原生产小队改为村民小组，原社员改为村民。将原有的11个生产小队合并成5个村民小组，对被精减的12名生产队干部做了妥善安排。这样既减轻了村民负担，又加强了村民小组干部队伍的建设，为改变全村面貌提供了组织保障。

第五步：依靠公社民政和村办企业的力量，帮助特困户解决基本生活方面的困难，让他们感受到党的温暖。

第六步：排除种种干扰，竭力抓好"分田到户"工作。田有优劣，路有远近，涉及到下雨天田间排水、稻田灌溉等问题，大多数人都希望分到离家近的肥沃又利于排水的土地。分田到户工作非常艰巨，涉及每个村民的切身利益，阻力很大。有的请政府的人打招呼，有的请社会上有名望的人打招呼，有的阻挡丈量土地，有的干扰村民会议……为打破僵局，我安排村委会、村民小组的干部认真收集、整理每家每户的想法和意见，逐一召开村民小组会议，并与其他村干部一起，本着"一碗水端平"的精神，讨论各个村民小组分田到户的方案。会议同时决定，如果哪个村民提出的分田到户方案能得到村民们一致认可的，村委会就按照这个方案实施。否则，就按照村民小组会议讨论通过、村委会确定的分田方案实施。就这样，历时4个多月，我们终于完成了全村分田工作。

第七步：制订、学习、贯彻《村规民约》，大力开展"五好家庭"评选活动，发挥其正面引领作用。被评为"五好家庭"的，可以优先考虑子女参军、进厂、建房执照审批、困难补助等。这样下来村风、民风逐渐得到好转。

第八步：充分调动村办企业干部与工人的积极性，千方百计发展村办企业。

一是与村办企业负责人签订好承包协议。协议中写明产量质量、成本消耗、产品销售、经营利润等年度指标，写明安全生产等方面的任务要求，写明个人经济收入与完成生产指标、工作任务挂钩的考核结算办法。

二是与国营大企业搞好联营。村办企业是在"一穷二白"的基础上发展起来的，人才相当缺乏、技术特别落后，要发展就必须借助大企业的资源优势。我们拜会了一家地处天生港镇、当时农牧渔业部下属工厂的党委书记和厂长。历时7个多月，经过三轮谈判，两厂实现联营，正式挂牌。他们派来了厂长，带来了资金、技术、管理制度、产品订单和原辅材料的进货渠道，使村铸件厂得到了更好的发展。第二年产值翻了一番，利润明显增长。

三是想方设法恢复羊毛衫厂的生产。我把羊毛衫厂原有的干部工人组织起来，为通棉二厂羊毛衫车间加工生产。接着我带人到上海学习生产羊毛衫的生产技术、寻找管理人才和营销能人。经过三个多月的努力，终于找到一位原在上海某羊毛衫厂从事工艺、技术工作的 A 师傅。他答应负责羊毛衫厂的工艺技术、设备维修、接单下单，但要求每月工资不少于 350 元、免费提供食宿、报销上海到南通来回的车旅费。当时其他村干部说，他们工作了 20 多年每月只拿 39 元，书记每月只拿 42 元，A 师傅要价太高。我告诉他们，要价低的聘来不起作用，钱再少我们也不能聘用，关键要与 A 师傅签好《聘用协议》，将双方的责任权利及考核结算办法写清楚。只要 A 师傅真正履行好协议，一个月给 350 元工资还是值得的。后来 A 师傅来厂确实给羊毛衫厂带来很大发展，工人从原来的 60 多人增加到 200 多人，产值从原来每年的 70 多万元增加到 300 多万元，每年利润从亏损几万元变为盈利几万元。

在恢复羊毛衫厂生产的同时，村党支部对羊毛衫厂过去的债权债务进行清理时发现，西安市某车队欠羊毛衫厂 35000 多元，曾有两批人去西安讨债，都没有要到一分钱。原羊毛衫厂干部介绍，西安某车队的 B 队长，是个部队转业干部，在当地有一定的名声。我想这 3 万多元，相当于一个搞得好的小企业一年的利润，相当于整百个工人一年的工资，所以不管多难，我还是要想办法将这笔钱要回来。于是，1984 年 4 月 22 日，我带着羊毛衫厂厂长和供销员，一起去西安找了 B 队长。当时他向我们诉苦：卖出去的羊毛衫，有的货款没有收回，有的请西安市某五金公司供销员C代卖，大多数没有卖掉。过了两天，B队长还是没有答应给钱，我们就去了他家。我恳切地和他说，我刚到团结村主持工作，乡党委要求我在5月1日前必须把这笔货款要回，你不给钱我们是不会回去的，从明天起我们就天天跟你跑。B队长听了这番话后感到有点压力，他说第二天早晨带我们去找五金公司供销员C。C住在周至县，离西安城约90公里，要转两次长途车，还有一个多小时的小路。我们说没问题，明天跟你去。结果，从第二天早晨开始，乘坐长途汽车，直到下午五点多钟才到C家。当晚我睡在C家，听见B队长悄悄地对C说，这次来的三个人同前两次不同，这位陈书记很不一般，不给钱看来不行。最后，他们给了我们16000多元，并把没有卖掉的羊毛衫都退给我们。我们回来正逢"五一"前夕，火车票特别难买，最后排了长队才买到三张到上海的站票。我们在火车上站了十几个小时，脚都肿了，于4月30日夜里11点多到上海。为了节省住宿费，我们每人花一角钱在十六铺码头租了草席睡到第二天早晨。

经过大家的共同努力，羊毛衫厂由村办企业发展成为乡办企业。

在狠抓工业经济的同时，我也花心思做村里的民生工作。千方百计筹集资金，先后改造了两座桥梁，将部分泥路改为水泥路。新增三部拖拉机、组建运输队，每年上缴给村委会一万多元，也为村民建房运输建筑材料提供了方便。

经过村干部们两年的辛勤工作，村民思想统一、劳动热情高涨，全村呈现出一派欣欣向荣的景象。

学当企业"掌门人"

1985年11月29日,乡党委研究决定,调我回胜利纱厂担任党支部书记。

我在团结村的工作刚起步,许多基础性工作已做好,还没有完全见成果,已策划好的工作,还没有来得及实施,我真不愿意离开。

于是,我想方设法说服党委D书记,可他还是不同意。D书记恳切地同我说,现在纱厂很需要你,团结村的工作你已打下了比较好的基础,后面的人接着做就比较容易了。无奈之下我提出,回纱厂可以,但不宜任书记,避免有些人产生误会,请求党委复议。过了两天,D书记再次找我说,根据你的请求,昨天上午党委重新召开党委会,对你的任职进行了复议。鉴于纱厂目前的状况,八个党委委员一致认为你当纱厂书记比较合适,其余厂级干部职务不变。

那时正是江苏乡镇企业发展之时,各地学习无锡堰桥乡经验,300人以上的企业都要实行党政分开。企业书记的主要职责是负责党员干部的教育和管理,培训、吸收党外积极分子,负责抓好全厂干部职工的思想政治工作,配合、支持、监督行政工作,确保党纪国法、上级党委、政府的文件精神和有关会议要求在企业的落实,确保上级政府下达的各项经济指标和任务的完成等等。

然而实际工作中书记的角色很难扮演好,干部群众普遍认为企业书记是耍"嘴皮子"的,是个闲职,没有实权。厂级干部是乡党委任命或乡政府聘用的,中层及以下干部是厂长聘用的,人事安排、工资奖金等均由厂长办公会讨论决定。干部职工思想、经济、生活等方面的问题都由书记负责,企业经济指标任务完不成也由书记负责。在人们讲究"实惠"的那些岁月,书记工作真是左右为难。我想再难也要做好,不能辜负上级党组织的信任和期望。我采取了如下做法。

第一,想方设法大力开展思想政治工作,尽最大努力把干部职工的思想和精力集中统一到搞好企业生产、经营、安全管理上来。

第二，制订《管理人员工作规则》，推进规范管理。当时内部管理比较混乱、工作效率比较低下、扯皮现象比较严重。针对这些情况，我编写了《管理人员工作规则》，对干部履职、工作原则、工作程序、工作方法及请示、汇报工作中需注意的要点，处理问题的要求和步骤等，一一做了阐述和规定，有效提高了管理工作的质量和效率。

第三，制订《职工守则》，提升职工素质。在制订、修改、完善厂规厂纪的基础上，制订《职工守则》，对职工的言行举止、工作职责、注意事项均做了明确的规定，积极引导、教育、鼓励工人做合格职工、优秀职工，从而使工人的素养不断提高。

第四，加大宣传力度，统一思想认识。凡是厂长室决定开展的活动、推行的工作，党支部都紧密结合企业实际，根据厂长室意见编写《宣讲提纲》，组织干部、职工进行学习、贯彻。1985年底，党支部根据厂长室意见编写了《1985年年终分配宣讲提纲》，将全年完成的主要经济指标，年终分配的指导思想、原则、纪律、方法和各工种、岗位的奖金标准等都写进了《宣讲提纲》，结果年终分配非常顺利，结束了过去"年终搞分配，工人就罢工"的历史。

第五，严格要求自己，起好表率作用。1986年春天，原乡驻燎原造船厂的铲锈组撤销，为了让我能更好地集中精力工作，乡党委准备将我爱人安排到纱厂。当时她年龄偏大，女儿尚小，要种三亩多承包田，我的工作非常繁忙，安排她做三班不合适，安排做常日班显然不妥，因为做三班的工人中有一部分人想做常日班却一直没能实现。爱人为了支持我的工作，听从我的劝说，没有来厂，而是在外做了近半年的临时工后，到一个新办的某建筑工程队工作。

第六，开展谈心活动，做好一人一事的思想工作。在做好职工思想工作的同时，我多次与管理人员分别促膝谈心，较好地解决了群众反映的问题，完成了乡党委交给我的任务。

第七，积极支持厂长工作，与厂长保持有效沟通。1986年12月的一天，分管经营的W厂长在供销科与厂长发生争吵。原因是运回徐州某棉麻公司棉花时，原棉采购员擅自买了几吨石灰放在船底，由于船底渗水，石灰泡开后引起火险，烧焦了一些棉花。厂长批评了W厂长几句，W厂长不能接受，认为采购员擅自把买的石灰放在装棉花的船上，他不知情。这时我主动出面与W厂长单独交换意见，指出他的不足，使他最终认识到自己应负的领导责任，并表示一定严肃处理此事，今后加强对下属的教育与管理。

　　我到纱厂当书记不久,党支部工作得到公社党委的肯定,郊区区委也将全区整党工作的试点放在我们纱厂,并安排我在全区整党工作动员会上做专题发言。

编写《管理人员工作规则》

我担任纱厂党支部书记不久,发现干部中"不敢管、不会管、不愿管"的现象比较突出,遇到问题绕道走,碰到矛盾或要承担责任的事不开口,能做"好人"的工作抢着做,"得罪人"的工作上推下卸、左推右甩、能拖则拖,严重影响了企业管理工作的正常开展。为了改变这种局面,我通过3个多月的调查、摸底、收集资料,征求方方面面的意见,编制了《管理人员工作规则》,内容如下。

一、为人正直、待人诚恳。每一位管理人员必须坚持做到:为人正直不刁坏,待人诚恳不虚伪,与人共事不算计,密切合作不拆台,诚实守信不说谎;有了成绩不自夸,有了责任不推卸,受了批评不怨人;严于律己,宽以待人,记人之善,忘人之恶;当人面前说短,在人背后道长;胸襟宽广不狭窄,通情达理不蛮横;不压别人抬自己,人前人后一个样。

二、忠于企业、忠于员工。每一位管理人员一定要牢记"忠于企业、关爱员工、立足本职、行业领先"的工作要求,时时、事事、处处起好表率作用,树立良好的公众形象。带头执行规章制度,起好表率作用;带头贯彻会议决议(在没有形成决议前,可向领导充分发表自己的意见,据理力争,一旦形成决议后,就必须不折不扣地执行,不乱发议论);带头以身作则;带头参加劳动、乐于吃苦耐劳;带头坚持原则,主持正义,秉公办事;带头做好正面宣传解释工作,敢于说公正话、敢于抵制和批评不良言论和行为,敢于扶正压邪;带头做尊重人、关心人、帮助人、团结人的工作;带头讲诚信,取信于民;带头维护企业利益;带头抓好企业风气。

三、热爱本职、守职尽责。每一位管理人员要不断弘扬"敬业、尽责、奋发、争先"的企业精神,恪守"以人为本、以质取胜"的管理理念。坚持做到工作有计划、有目标、有要求、有检查、有考评、有总结;做到不怕困难、不怕吃苦、不怕挫折、不怕委屈、不怕得罪人。在遇到困难和矛盾时，第一要想到自己的岗位职责；第二要想到构成困难和矛盾的原因；第三要研究克服困难和解决矛盾的最佳方案，绝不能一遇到困难和矛盾就先找领导或转嫁给他人，更不能撒手不管；第四要想到克服困难后的希望，坚定克服困难的信心，提升克服困难的勇气。

解决本职工作中的问题，不能认为与有关人员说了就算尽了责，说了之后还需要去认真检查，说了的事就要做好。说过了，问题没有解决好，责任仍由自己承担。确保本职工作让领导放心、同事称赞、工人满意。

四、有效沟通、搞好合作。平常要坚持做到：汇报工作说结果、请示工作拿方案、分析问题讲过程、发现问题找根源、总结工作谈数据和事例。始终与领导保持一致，支持领导工作。与任何人的友谊、关系都应建立在把工作做好的基础上。正常情况下，可越级反映问题，不可越级请示工作；可越级调查情况，不可越级布置工作；可向领导献良策，不可故意给领导出难题；请示工作时，要实事求是地说明情况，不能只问领导怎么办，而要说明自己打算怎么办的意见和理由。

每位管理人员，既要做好工作又要处好关系。理顺、协调上下左右、里外前后、方方面面的关系；整合资源、想办法让大家自觉做事、把事做好，不断提高企业的凝聚力、吸引力、战斗力。

正确处理好集体与个人、长远与眼前、全局与局部之间的关系。管理人员在任何时候、任何场合，说话、做事都必须从企业大局出发、从企业长远利益出发、从绝大多数员工的根本利益出发，不得固执己见、本位主义、唯我独尊、唯利是图，更不允许随意散布不满言论，采取"软磨、硬顶"或拖着不做的办法对抗领导。

五、分清是非、一事一议。平时工作中，真正做到谁正派就尊重谁、谁正确就支持谁、谁有本事就重用谁、谁工作出色就表扬谁、谁贡献突出就奖励谁、谁有错误缺点就帮助谁。

六、讲究艺术、改进方法。工作对象、工作内容、工作要求、外部形势都在不断变化，因此我们的工作方法就要不断改进。一是注重结果，不注重过程；二是多用鼓励、引导的办法代替批评、指责的办法；三是处理问题不能简单化，防止问题复杂化，不留工作后遗症；四是带领大家做不是一个人能做好的事情，每一位管理人员要团结、动员、组织上下左右方方面面的力量，做好职责范围内的事情，并领导好、指导好、督促好自己的部下做好职责范围内的事情；五是对上级检查要正确理解，不能认为上级检查是领导对自己不信任，要清醒地认识到，领导检查是他的工作职责，也是对同事工作的关心和重视，是支持同事工作、帮助同事解决工作中问题的有效途径。同时要把周围人指出自己工作中的不足和真诚批评，看作是对自己最大的爱护和帮助。

七、关注细节、注重效果。细节决定成败，每一位管理人员一定要养成把日常工作不厌其烦地做细、做好的良好习惯，随时了解、掌握主管工作范围内的运行状况。发现问题、周密分析、厘清事实、找出症结、快速决策、及时妥善处理，使每一项工作都做到尽善尽美。真正把自己锻炼成为一名企业战略部署精益求精的执行者、企业规章制度不折不扣的维护者。

八、尊重职工、善待职工。切实做好尊重职工、善待职工的工作。时时、事事、处处把职工放在心上，真正把职工看成是家庭的成员，看成是不可缺少的工作伙伴。虚心倾听职工意见，积极采纳职工合理建议。职工反映的问题，当时能答复、解决的，就当时给予答复、解决；不能当时答复、解决的，必须约期给予答复、解决，直到职工满意为止。平时工作中，特别要注意与职工说好每一句话，说准每一句话，多说友好的话、鼓励的话、指导的话、协商的话，尽量少说批评的话、反问的话、指责的话，绝不说伤害人格的话、把工人气走的话。

九、果断决策、敢于担当。谁主管谁负责，谁负责谁决策。工作中该属自己表态、签字的事不推卸、不扯皮，敢于承担应该承担的责任和风险；不属自己表态、签字的事不表态、不签字、不乱议论；如发现有关干部决策不当，要当面指出来或向领导反映。

十、不断学习、不断提高。深刻领会"做不好工作，实质上就是没有学好"的道理。平时要注意挤时间、巧安排，多学习业务知识、专业技术，多学习管人管事的本领，多学习做一人一事思想工作的办法，不断提高自身综合素质，不断提高组织、指挥、协调、检查、考核、总结、完善、教育、转化等方面的实际工作能力，争当领导信任、绝大多数员工拥护、信赖、爱戴，本地区同行业同岗位的标兵。

通过《管理人员工作规则》的学习、考试，通过分管领导每月对下属管理人员执行情况的点评，通过职工代表每年年底对全体管理人员的测评，管理人员整体素质不断提高，有效地推动了全厂各项工作的开展。

党政齐抓厂兴旺

1988年7月27日上午,乡党委来厂召开管理干部会议,宣布我兼任纱厂厂长。那时企业已完全进入市场经济运行状态,工作量、工作难度、工作压力都非常大,经营面临极大困难。厂房简陋、设备陈旧、人才缺乏、销售困难、资金拮据、净资产少、人员素质差、产品档次低。但是,我想不管难度多大,只要知难而进、迎难而上,就一定能将企业搞上去,绝不能辜负上级党委政府对我的信任。我着重做了以下五项工作:

第一,招聘专业人才。乡办企业要生存、要发展,人才是前提。当时招聘人才很不容易,国营大厂的专业人才,有的不愿意丢掉"铁饭碗"来捧"泥饭碗";有的人才本人及家属、亲友认为来乡办厂工作没有面子,怕别人笑话。我们绞尽脑汁采取了相应的办法:一是上门拜访、反复劝说,做招聘对象及相关亲友的思想工作。二是请招聘对象来厂了解企业运行状况和发展规划及实施细则,让他们真正感到来厂后有用武之地、能够成就自己的事业。三是尽量安排厂级干部与招聘对象接触、交流,培养感情。四是明确招聘待遇,约定《招聘合同》签订后来厂工作,每月工资比原单位增加50%;年终奖比原单位同类型同岗次人员增加一倍;来厂半年工作表现好,奖励摩托车一部,油费、维修费一概由厂承担;来厂工作2年,为企业解决2—3个生产难题,企业年利润在30万元以上,可在主城区购买一套商品房供其租住;能解决好生产、经营中4—5个突出问题或连续在本单位工作满10年、工作表现好、能完成领导布置的各项工作任务的,其租住的商品房产权无偿转让给本人。到1990年底,我厂先后招聘了4名专业人才。

对招聘人才的福利待遇,厂内有些人不能理解,总觉得自己与招聘人才的待遇差距大,对招来的人才有抵触情绪,工作上不支持、不配合。我积极做好有关人员的思想疏导工作,加深他们对招聘人才重要性、必要性的认识,继续想方设法招聘人才。通过我奎枢表哥找了某国营纺织厂厂长，请求他们援助我厂生产管理。1991年春节前，该厂派了7人组成的技术咨询服务组进驻我厂，分别负责我厂前后纺4个主要工段的工艺技术、运转生产、设备管理。两年中，技术咨询组积极配合我的工作，在我厂"三项制度"改革、生产管理改善、产品质量提高的过程中都起到良好的作用。

第二，培养厂内人才。邀请南通纺织工学院的2名教授和某国营纺织厂常务副厂长及相关专业人员来厂为生产组长以上的管理人员上业务、技术课。与此同时，我们还选派了2名年轻的高中生去南通纺织工学院脱产培训3年，选派6名年轻的高中生到南通纺织技校脱产培训1年，先后选派20余名青年职工到某国营纺织厂培训了3—12个月。通过对各类人员培训，我厂管理人员的业务素质和领导能力得到了提高，生产骨干的劳动技能和专业技术得到了增强，从而奠定了企业生存发展的基础。

第三，深化内部改革。1991年下半年企业发展遇到了新困难，国家对万锭以下的小棉纺厂等"五小"企业实行关停并转，且企业内部机构臃肿、人浮于事的现象相当严重。面对严峻的形势，我们在南通率先砸"三铁"（铁交椅、铁饭碗、铁工资），破解企业发展难题。一是变100%档案工资为100%岗位工资、向生产一线倾斜，做什么事拿什么钱，工龄只记档案不加钱，这样较好地解决了"轮班工人要做常日班、常日班工人不愿做轮班"的问题，充分调动了生产一线工人的积极性；二是变"干部只能上不能下"为"干部能上能下"，先后精减管理人员21人；三是变"工人只能进不能出"为"工人能进能出"，共清退借留用人员29人，44名45岁以上的富余女工提前下岗回家、享受退休待遇，每人每月生活补助费在政府规定的59.5元基础上增加15.5元。干部一级聘用一级，工人"双向"选择，组长可以选择工人，工人也可以选择组长。为落聘干部、没有班组接受的工人举办了20天的培训班，让他们转变观念、提高技能、再行选岗。

改革前我们编写了一万多字的企业改革方案，征求了厂内上上下下的意见，请示了各级领导。区委书记还为我厂改革在内部刊物《港闸情况》上作了批示，并转发给区人大、区政协、政府各部门和区直单位，这为我厂改革营造了良好的社会氛围，从而使企业管理开始走上正轨。

第四，实施设备改造。历时7年多，先后筹集资金5000多万元，新购了12000多锭设备和我市乡镇企业第一套精梳纺纱设备，淘汰了7500锭旧设备，对不能满足生产需要的辅助设备及检验仪器也进行了更新,对厂房进行了改造,使纱厂生产条件大为改善。

　　第五,建设企业文化。1995年,我们组建了一支60人的职工腰鼓队,参加了区第二届农民运动会开幕式。花费10000多元购买了腰鼓、表演服装及鞋子,并请专业人士来厂进行辅导,利用近两个月的业余时间进行排练。开幕式那天,当我厂腰鼓队开始表演时,掌声、欢呼声此起彼伏,在主席台就座的领导们更是赞不绝口。时隔不到两年,我们又组建了60多人的职工合唱团,利用一个多月的业余时间,请本市两名顶尖的文艺人才进行辅导培训。合唱团先后多次代表全乡参加全区歌咏比赛和文娱会演,次次都荣获一等奖,企业对参与人员给予奖励。合唱团还多次参加本市举办的"濠滨夏夜"演出。通过开展这些活动,进一步凝聚了人心,培养了企业团队精神,增加了员工的荣誉感、自豪感,激发了员工的工作热情,大大提高了企业在社会上的知名度,为企业更快更好地发展营造了非常有利的社会氛围。

　　附1:

谈谈新时期企业厂长与书记的关系

南通市胜利纱厂　　陈志凌

(刊登于1992年10月15日下发的《港闸情况》)

　　我由党支部书记转任厂长,先后同两位书记搭档合作。多年的工作实践证明,在企业中,厂长的"中心地位"同党组织的"政治核心地位"之间,是相互联系、相互促进、不可替代、不可分离的关系;尽管各自工作的职能和具体任务不同,但总目标是一致的,都是为了企业发展,利益是相通的,工作是相联的。从一定意义上说,企业党组织是思想上的"领航员"、决策上的"参谋长"、工作上的"铺路石",没有党组织的保证、监督,再精明的厂长也可能在指挥决策中迷失方向。

参与决策

1990年初，棉纺织市场急剧变化，对棉纱的质量要求越来越高。但我厂仍有部分"烂泥砌的单砖墙、角铁屋架水泥梁、杂棍橡子芦苇顶"的厂房，加上当时的设备是某国营纺织厂淘汰的老旧设备，多方面因素导致产品质量达不到标准，不能满足用户的需求。在这种情况下，唯一的出路就是进行技术改造，而改造需投资1000多万元，党支部在进行重大决策时积极主动出谋划策，在投资金额、资金筹集、改造程序、改造期限、收回投资等方面都发表了极有价值的参考意见，为技改方案的编制、论证、实施起到了参谋作用，有力地促进了技术改造的顺利进行。今年技术改造已投资630多万元，还准备投资400多万元购买梳棉机、精梳机等设备，力争扩大规模，提高产品档次。

1990年下半年，棉纺行业持续滑坡，纱厂面临的形势十分严峻，单靠本厂的力量很难渡过难关、摆脱困境。因此我主张聘请某国营纺织厂技术咨询服务组，可上级有些领导不同意，认为这会增加企业运行成本，工厂内部更是众说纷纭。在我举棋不定的时候，党支部书记经过广泛调查、综合分析、权衡利弊，认为聘请咨询组是上策，并在咨询组人员组合、处理咨询组与本厂技术人员关系等方面提出了很好的建议。咨询组来厂后真正起到技术咨询、强化管理、加速技改、提高企业素质、提高经济效益、帮助企业渡过难关的作用。

保驾护航

1991年12月下旬，为了企业迅速摆脱困境、走上新台阶，我厂在干部制度、用工制度、分配制度方面进行了重大改革。精减干部21名，清退借留人员29名，44名45周岁以上的富余女工提前退休。与此同时，为厂内39名待岗人员举办了历时20天的转岗培训班；为96名职工举办半脱产的技能培训班；与职工签订了厂内用工《协议书》；档案工资制改为岗位效益工资制，充分调动了生产一线工人的积极性。如此庞大复杂的工作，仅在一个月的时间内就顺利结束，不曾有一个人围攻厂长，不曾有一个人在春节期间到干部家闹事。这靠什么？除了靠区、乡领导和职工大力支持外，关键是靠厂党支部强有力的政治思想工作。企业改革一开始，党支部负责人就积极带领支委一班人和工会、共青团的干部，紧密结合本厂实际，大张旗鼓地开展了多层次、多形式、全方位的宣传发动工作，配合厂长室编写了《企业改革宣讲提纲》并提交职代会讨论通过。此外还分别召开了解聘干部座谈会、借留用人员座谈会、厂内待岗人员座谈会，管理人员开展个别谈心活动达100多人次。与此同时充分利用黑板报、宣传橱窗、标语、广播、通讯报道等形式，大力宣传企业改革方案和纪律要求，使绝大多数干部职工认识到："形势严峻，改革必行，大改大利，不改不利"，从而使绝大多数人都能积极参与改革、支持改革。当涉及个人利益时，大多数人都能正确对待、配合支持。改革动摇了我厂近30年来形成的旧习惯势力，冲破了长期制约企业发展的各种错综复杂、盘根错节的关系，更新了绝大多数干部职工根深蒂固的旧思想旧观念。通过改革，干部中"铁交椅、找靠山"的意识淡化了，职工中"铁工资、铁饭碗"的意识淡薄了，企业活力增强了，全厂各项工作得以顺利开展。

1991年9月，一个进厂不到4年的员工，打坏了传达室的门窗玻璃，并用坏粗纱管的尖头把一名同事的脖子戳红了，此人平时表现不好，屡屡违反厂规厂纪。过去厂里上上下下对他做了数十次思想工作，仍无济于事，根据这一情况，厂长室讨论决定将他辞退。这时党支部密切配合厂长室，分别召开了相关职工座谈会和班组长座谈会，做了大量的调查笔录，使他本人不得不承认自己所犯的错误，最后服从厂长室的处理决定。

解聘不称职干部时，党支部负责人总是在解聘的前前后后积极配合行政，耐心开导，做深入细致的思想工作。一名被解聘的中层干部当着书记的面说："我自己不好，厂长针对我工作中的'毛病'做了我几年工作，可我还是没有改，这次才真正尝到浪荡的苦处。"说到这里，他流下了悔恨的眼泪。

1992年7月，在确定生产竞赛奖发放标准时，有人主张分等级，有人主张向生产一线倾斜，有人主张干部要增加分配系数。我认为这些建议者的出发点都是好的，但是在执行中简单地采取这种方法，很难达到预期的效果。

1992年初，我厂实行岗位效益工资时，已按照辛苦程度、责任轻重、工作量大小、技术水平高低分了四个等级，并在满勤奖方面加以区分，每月三班职工总收入要比常日班职工收入高15%以上。再说实行四班三运转后，轮班职工每月平均比常日班少出勤3天以上，这样会挫伤常日班技术职工为轮班服务的积极性。因此我主张不分等级、采取微调的办法。书记听了我的意见后觉得有道理，赞成我的主张，并和我一起研究制订了三种微调的办法：一是轮班完成了厂部当月下达的生产任务，可以做到减人不减资；二是常日班为轮班服务工作做得好的班组和个人给予特殊奖励；三是在班组长以上的管理人员中实行"管理奖"，具体规定了七条考核内容和办法，效果比较理想。

两心合一

目前我厂厂级干部，除了某国营纺织厂技术咨询服务组负责人之外，只有我和书记两人。厂部要做的事又相当多，对上对下、对里对外，生产行政、经营销售、技术改造、资金筹集、来人接待等都离不开厂级干部。在如此繁忙复杂的工作中，要不是党支部书记助我一臂之力，我实在无法应对。书记在认真做好本职工作的同时，总是挤出时间、腾出精力协助我做好行政管理工作，从不避让、从不做客。他来厂后，几乎天天一上班就到车间走一圈，了解情况、解决有关问题，并坚持参加每周三次的生产晨会和每月三次的生产例会。我和咨询组负责人不在厂，他就亲自主持生产会议，亲自解决一些急需解决的问题。譬如本月5日，区技术开发公司经理提前通知我去市人才交流市场，乡政府又约好了银行的有关领导与我厂洽谈办理设备抵押贷款手续，还要我去区外经委谈一个项目，三个方面领导都要我亲自去，这时候书记主动替我去市人才交流市场，帮我解了围。更使我感动的是1992年7月下旬，书记胆结石、胆囊炎复发住院期间，还每天关心厂里工作。当我到医院与他商量工作时，他总是恰如其分地发表意见，我们观点很统一。当他能下病床时就忍着疼痛、瞒着医生跑到厂里来看看，医嘱休息期未满就上班了，他真心地对我说："你太忙了，我来贴贴手脚。"

我在近几年工作实践中深深体会到，企业党支部真正做到了"建议不决议、掌权不揽权、帮办不包办、参与不干预、补台不拆台"，有效地发挥了"政治核心"作用，保证、监督了党和国家的方针政策在本企业的贯彻落实。

我认为，厂长在日常工作中要处理好与同级党组织的关系，就必须坚持做到以下两点：

一、尊重和依靠同级党组织

《企业法》规定，厂长在企业中"处于中心地位、起中心作用"。这是就厂长在企业生产经营管理系统中最高领导者、企业法定代表人身份而言的，并不是指厂长在企业的政治组织和党的建设等方面也居中心地位、起中心作用，绝不能把实行"厂长负责制"与"厂长一个人说了算"等同起来。厂长本身不应以"手中有权、兜中有钱"就一手遮天、权力无边。《企业法》赋予厂长一定的权力，实质是要求厂长必须把党和国家的方针政策、法律法规与本企业的实际紧密结合起来履行职权，不能也不允许在用权上随心所欲、违背原则，特别是在重大问题上，应自觉把自己置于党组织、群众和舆论的监督下。平时工作中，我坚持做到：（一）在重大问题上主动向党支部书记汇报情况，征求和听取党支部一班人的意见；（二）不轻易否定党支委的观点和建议；（三）当党支委向我了解情况时没有厌烦和不满的情绪。坚持做到用权不武断、决策不单干、监督不反感。

二、维护和支持党支部工作

一是赋予党支部一定的行政权力，在乡政府没有明确规定前，我厂的财务都是书记审批的，现在职工的困难补助和我的出差费用仍由书记审批；二是党支部开展活动时我总是妥善安排时间积极参加，有些行政、生产方面的党员干部不自觉参加，我就及时做工作；三是支持工会和群团组织开展活动，在费用等方面提供便利；四是对阻碍党支部开展工作的人和事严肃处理，积极维护党支部的威信。

附2：

致南通市委罗一民书记的信

尊敬的罗书记：

从2005年9月起，我司约20名退休员工为要求公司帮他们按照国营企业标准补缴医保金一事，十多次到公司、街道办、区、市有关部门上访。尽管我司和上级接访人员做了大量细致、耐心的解释疏导工作，希望他们尊重原乡办企业的历史、停止上访，但收效甚微。在最近港闸区召开"两会"期间，他们继续上访，并准备在市即将召开的"两会"期间上访、闹事，所以我冒昧地向您汇报此事，请您在百忙中挤点时间过问一下。

为了解决职工的后顾之忧，我司于2002年4月在南通市民营企业中率先为在职员工办理了社会养老保险；2005年9月又办理了医疗保险。下面就有关情况向您作简要汇报。

一、我司参加医保的主要做法

（一）根据市政府和市医保中心的有关文件精神，结合本企业的实际情况，我司起草了一份《关于员工参加医保的暂行办法》，并组织了在职员工和近几年退休人员学习讨论，95%以上的职工比较满意。

（二）具体规定：

1. 在职员工按照市政府【2000】93号文件、市劳动和社会保障局核定的标准执行。

2. 2002年4月1日至2005年8月31日退休的社保人员参加医保，企业补贴每人1200元；从2000年起，每人每年补贴的120元医药费没有用完的，也一次性结算给本人；不参加医保的全部打到本人银行卡。

3. 2005年9月1日以后退休的社保人员参加医保，需要追补医保费的，每追补一年企业补贴每人120元，原每年补贴给每人120元的医药费没有用完的，仍一次性结算给本人。

4. 实在不愿意参加医保的社保退休人员，可以继续参加农村合作医疗，企业每年继续补贴每人120元。

5. 退休后如生活确实困难，本人书写申请，工会审核后给予经济补助。

二、我司的相关情况

（一）1997年9月，我司由原胜利纱厂、棉织十一厂等四家乡办企业组建而成。员工都是农村户口，我司经济基础十分脆弱，尤其是承担了原棉织十一厂负资产610万元。2000年6月，在港闸区委、原闸西乡党委做了两年多工作的情况下，我司改制为民营企业。现在职职工834人，其中参加社会养老保险790人，参加农保44人；退休职工439人，其中社保退休127人，已有96人参加了医保，上访的是未参加医保的31人中的一部分。

（二）2000年6月企业改制时，公司承担了棉织十一厂全部负资产后，我用贷款向政府买下净资产。改制后，除按规定上缴税费外，每年上缴乡政府水电设施租赁费等72万元。

（三）企业改制以来，先后投资了8000多万元进行技术改造、征用土地、建办新厂，每年支付利息400多万元。另外，公司每年为在职员工缴纳"五保"270多万元。

（四）企业改制时，没有按照原闸西乡1998年14号文件规定将退休工人工龄买断，而是坚持每月10日为312名没有参加社保的退休工人发放生活补贴，每年春节前原胜利纱厂退休职工每人补贴350元，原棉织十一厂的退休职工每人补贴200元，每月20日为他们报销医药费（报销比例：120元以内报销100%，121元以上500元以内报销50%，501元至1000元报销60%，1001元至2000元报销70%，2001元以上报销80%），生活困难的另行补助。

（五）多年来，我们在尊重员工、善待员工方面做了大量工作，得到绝大多数员工的认可和赞扬，并多次赢得了乡、区、市、省有关领导的肯定和好评。2002年4月《人民日报》曾整版予以报道，2003、2004年公司领导先后两次在省总工会主持召开的有关专题会议上作经验介绍，2005年公司被评为江苏省"双爱双评"先进单位、江苏省模范职工之家。

如果现在要为近几年退休的127名社保人员补缴医保费，企业实在力不从心。

根据政府职能部门有关规定，如按照国营大集体企业标准补缴，人均需补缴2万元，企业就要补缴254万元。农保退休312人，如每人补贴2万元，企业就要支付624万元。因我司前身两家企业，分别建于1962年和1964年，年纪大的员工特别多。据统计，我司在2010年前还有近200名工人退休，即还要支付近400万元，企业累计要为退休职工补缴和补贴近1300万元。

三、几点不成熟的建议

（一）国营、大集体企业职工的工龄可视同医保缴费年限，原乡办企业改制为民营企业职工的工龄未视同医保缴费年限，因此上级政府有关部门不能要求民营企业为退休职工补缴医保金。

（二）目前市内三个区，与我司同性质、同类型的企业有1000多家，关于退休职工补缴15年医保费的问题，确实是我市目前一大矛盾。就港闸区而言，原乡办企业改制为民营企业，绝大多数职工没有参加医保，不应给我们带头参加医保的企业有额外的压力和负担。市政府要根据原乡办企业后改制为民营企业的历史情况和现在的承受能力，尽快出台有关民营企业参加医保的政策规定。以免原乡办企业后改制为民营企业的退休职工为补缴医保金一事频繁上访闹事，以确保这次我市"两会"期间及今后社会秩序的稳定，确保市、区、街道机关的正常办公和企业的正常运行。

以上汇报如有不当，敬请罗书记批评指正。

南通惟越集团有限公司法定代表人　陈志凌
2006 年 2 月 16 日

注：罗书记收到此信后，政府相关部门相当重视，市劳动和社会保障局（现改名为市人力资源和社会保障局）专此下发了【通劳社办（2006）85 号文件】，从而平息了原乡办企业退休职工为补缴医保费频频上访的风波。

附3：

给无锡某纺织品有限公司 Z 总的信

尊敬的 Z 总及夫人：

你们好！

自从 2002 年 7 月，我们建立业务关系以来，我司一直得到你们的关爱与支持。你们一旦接到有适合我司纱、布厂生产的订单，首先考虑的就是我们；有时因价格原因我们做不下来，你们总是竭力说服你们的客户；我司资金紧张时，你们总是先把货款打到我们账上；当我们遇到困难时，你们总是想方设法帮我们解决；我们供货质量有问题时，你们总是实事求是地指出来，教导我们，鼓励我们……所有这一切，充分彰显了你们二位高尚的品质和仁义的风格，并充分体现了你们对我们南通惟越集团的真诚与厚爱。为此，我及我司一千余名员工将永远铭记在心，并在今后的合作中予以报答。

近两年，我司虽然在生产管理、质量管理等方面有所改进，增添 2 米剑杆 122 台、2.8 米剑杆 45 台，但是还远远不能满足贵司贸易方面的需求。我们有决心、有信心配合贵司，尽最大努力建设好贵司所需要的生产基地，争做贵司最真诚、最可靠、最长久、最友好的合作伙伴。

最近，我司在"原棉织十一厂加盟惟越集团十周年茶话会"上，提出了十一厂今后十年实现以下"八化"的奋斗目标。在这里告诉你们，主要是希望得到你们更好的指导与帮助。

厂容优美化。车间内外、机台上下干净卫生、整洁明亮；办公场所、宿舍区域设置盆景、赏心悦目；公共场地、厂区四周见缝插绿、夜如白昼。

厂风纯洁化。讲诚信、讲荣辱、讲大局、讲团结、讲纪律、讲业绩，人人文明工作，个个和谐相处。

布机无梭化。有梭布机全部淘汰，筹集资金、广泛调研、慎重决策，引进和购买新型喷气布机 80 台，力争实现 120 台，全面提升装备水平和全员劳动生产率。

产品高档化。服装面料做成纺织市场上的名品，服装衬布做成客户心目中的精品。

管理科学化。做到管理理念先进、管理机制灵活、管理制度严密、管理程序规范、管理方法恰当、管理考评到位、管理效果更佳。

员工技术化。干部员工努力学知识、钻业务、用技术、比实绩，实现"专一、会二、懂三"的目标，以适应现代化生产的需要，满足自动化操作的需求，达到减轻劳动强度、提高工作质量和工作效率的目的。

利益最大化。企业经济效益和员工人均收入达到本地区同性质同类型企业的一流水平。

干群亲情化。进一步做到"干部心里时刻装着员工，员工心里时刻装着企业"，致力开创"惟越大家庭，干群一家人"的崭新局面。

为了实现上述目标，我们聘请了无锡某纺织集团常务副总做我司的高级顾问。

Z 总，您的老同学 E 先生，1992 年应聘来我司时，他只同意签订 10 年合同。2002 年合同到期，他一直不同意续签。2006 年 8 月初，他说有个极好的机会，执意要出去干一番事业，作为他 14 年的同事，我无疑要理解他、支持他。今后我司进出口部的业务由 F 同志负责，请你们多多指导和关照。

在此，我真诚地邀请你们夫妇在国庆节前后抽出时间来我司考察、指导，面商今后有关合作事宜，以便我司更好地为贵司服务。

尊敬的 Z 总及夫人，四年多来，你们一直给我们关爱与支持，在此我和我司一千余名员工，对你们表示深切的谢意！同时衷心期望你们能继续给予我们支持与帮助，我们保证做得比以前更好。

顺祝贵我双方今后合作更顺畅、更广泛、更愉快、更圆满！

恭祝你们全家身体健康、生活美满、心想事成、吉祥如意！

你们的合作伙伴：南通惟越集团有限公司　陈志凌

2006年9月6日

附4：

致全体员工的公开信

尊敬的各位同事、各位员工：

因为缘分，因为工作，我们走到一起。共事时间长的已近30年，短的也有几年。在你们的鼎力配合和支持下，企业得到了一定的发展，使没有好参加社保的退休工人能月月有生活补助费拿、生病药费有得报，老退休工人对你们都很感激，我这个业主更为感激。

最近，我收到一些员工的辞职信，听说还有一部分员工正准备写辞职信给我，因为他们想到国营大厂去上班。这充分说明我对各位的关爱还不够，说明有关大企业将要实行的工资标准和员工待遇比我司更有吸引力。为了多年合作的情谊，为了使我们亲手创造的惟越集团能够生存下去，确保在职的老工人有稳定的工作、无社保退休的人员有正常的生活补助费，公司原定于春节后提交职代会讨论通过的工调方案，经领导层反复讨论研究现已提前出台，于2008年1月1日起实施。这次工调方案本着适当高于有关大企业将要实行的工资标准的原则，真正使不去大厂、留在惟越工作的员工不吃亏、不后悔，也进一步表明我司"留人"的诚意。如果你们对过去管理工作有看法、对你们关心不到位的地方，敬请你们多理解、多谅解、多包涵、多担待，往后我会想方设法与各位多交流、多沟通、多听大家的意见。如果现在各位仍有意见或好的建议，完全可以通过各种方式、各种途径向我本人反映。

至于自己想拿"介绍费"、劝人、骗人、骂人离厂的人，你们应保持头脑冷静，要仔细想想，你们的所言所语、所作所为，将会给其他员工的利益带来多大损失，将会给企业造成多么严重的后果，将会给自己和家人带来多少白眼和指责！人生在世，多做"善事"，自己心里踏实，也一定会得到好的回报！

如果有人执意要离厂，势必意味着要离开多年朝夕相处的师傅们、徒弟们、同事们、朋友们，对自己、对别人都是一个不必要的伤害。常言道："人是老的好。"如果有人执意要离厂，意味着他还要到一个新环境里去学习、去适应，还会碰到各种各样的新矛盾、新困难。

近几年，虽然纺织形势不够好、企业效益不理想，但是你们的收入还是年年增长。我坚信，通过我们的共同努力，尊重员工、关爱员工、善待员工的工作将会比过去做得更好，企业内部管理工作一定会朝着公平公正的方向发展，企业面貌将会有一个大的改观，最终让留在惟越工作的你们不后悔。

最后对你们长期以来对我工作的大力支持和配合表示衷心的感谢，并真诚地希望你们一如既往地配合、支持我的工作！

顺祝你们身体健康、工作舒心、全家幸福、万事如意！

董事长、总经理：陈志凌
2007年12月20日

注：此信张贴后，员工中，已交辞职报告的大多数人能主动要回；已写辞职报告未交的没有再交；想写而未写的没有再写，从而稳定了生产秩序。由于公司全部兑现了承诺，劳资关系更加融洽、配合更加默契，确保了企业正常运行。

附5：

致G的信

G：

下午你送《辞职报告》给我的时候，我正在和海门某集团老总谈事，之后又去布厂处理了一些事务，接着到如东明珠洽谈业务。上午我叫H约你一起去，听说你要回去休息。

现在已是深夜11时37分，我刚从如东明珠回家，本该洗澡睡觉，但没有

丝毫睡意，一心在想你的《辞职报告》。与你面谈估计效果不好，只有写信给你，白天实在没有时间，只有利用夜间。这封信是我与你共事23年来给你的第一封，也是我在深夜写给下属管理人员的第一封。写多了怕伤害你，写少了怕对你不起作用。现在只有想多少写多少，通过一桩桩事例，启发你真正认识到自己的不足，从而更好地改进。这样既有助于减少你的烦恼，又有益于你的工作和身心。写得不对的地方请你批评、指正。

一、上周三下午，我与你交谈了近2个小时，你也诚恳地说："我确实有时说话不注意，得罪了一些人，造成现在人际关系紧张。"你还说："现在我就是面子放不下来。"我同你说："现在将原料采购、产品销售工作合并后再分成两个组，主要是为了适应市场竞争，避免过去原料采购回来，销售人员接不到这方面订单，就只好堆放在仓库付利息，市场一降价，企业就蒙受更大损失的情况。再说，现在某国营纺织厂采购原料的人也兼做产品销售。我厂采购棉花只需年头年尾花点时间，平常采购化纤原料，打个电话就可以了。H、J都是副总，他们一直在做销售，你兼做销售有什么面子好丢？"当时我还和你说，我想借《经营高手》《细节决定成败》和几本《为人与处世》的杂志给你看看。你也可以到新华书店买些与工作有关、与做人处世有关的书籍读读，发票我给你报销，可你不曾有什么行动。你二十几年来之所以进步不大就是因为学习太少，你说这二十几年来你看过多少书籍，做过多少学习笔记，写过几次工作方案？你才50出头，以你的身体素质，工作到70岁应该不成问题，现在抓紧时间学习还不迟。当时你说："好的。"

你写《辞职报告》，与你爱人、儿子商量了吗？自己认真想过吗？你在《辞职报告》中写道："我在公司多年来都是尽心尽力、全力以赴工作的，现在是好坏难分。在这种情况下，我只有辞职，有些人才会罢休。"你细想想这番话符合事实吗？

二、1984年初，我把你从纱厂车间借调到团结羊毛衫厂做销售。通过一年多的考察，发现你在这个环境里不太适应，就让你回纱厂。1985年12月，我回纱厂做党支部书记不久，发现科室的人对你有意见、分管领导对你也有看法。于是我多次同你说："说话要谨慎，工作要认真，做人要低调。"可就是不见成效。

三、1995年，你擅自将110万元借给某厂。之后，某厂用劣质粘胶抵借款，干部工人意见很大。我与某厂厂长多次协商无果，诉至法院。前后我花了大半年时间，支付了诉讼费和律师代理费，得罪了许多劝我撤诉的区、乡领导和朋友，才把这110万元追回，我们还贴了相关利息和费用。

四、2003年，你通过J买国家储备棉，合同订的是三级棉花，价格很高，到提货时储备棉仓库人员还每吨加收了200元的手续费。结果拿的棉花中相当一部分是五级，还有少量是霉烂的。

五、2005年，作为做了二十余年棉花业务的你，完全可以直接向启东某棉业公司买棉花，可是你却通过没有做过棉花业务、年轻的K向某公司买棉花，每吨还要支付他100元佣金。当时我和你说，要把买棉花的增值税发票开回来，才能把40多万元的余款付给K，可是你不和我说一声，就从仓库里把价值40多万元的棉花拉出去给K，结果400多万元的增值税发票到现在还没有要回来，企业多缴50余万元的税。你自己多次去如东、启东要票，我也去过，我还写了信给某公司老总。因为K涉嫌诈骗，启东公安分局、检察院说你也参与诈骗，多次找过你，还多次到厂找我核实情况。

六、2006年春节前，山东某化纤公司的Q总来南通，吃晚饭时Q总说："陈总，我到南通来，第一家就到你公司。"你立即插话："因为我们公司是高速公路下来的第一家，所以你才先到我们公司，不然的话，你不可能先到我们公司。"你是50岁的人了，做了二十几年的经营，说这话你不觉得不妥吗？不论从哪方面讲，你都不应该说这句话。

七、2006年9月，我同你去江阴某化纤公司，你当着他公司副总的面，多次指责他业务员多处不是，这合适吗？

八、据说，2007年春节前你向棉花供应商要购物券给纱厂棉检员。你拿棉花供应商购物券给厂里棉检员，是不是让棉检员在供应商的棉花有重量、质量等问题时不把关、不反映？你认为这样做合适吗？

九、2006年10月，经营部挂了一块经营人员外出留言板，你在营销人员面前说，老板对我们经营人员太苛刻了。

十、近几年来，你在采购棉花过程中，合同上订的是二级，往往拿回来的多数是三级；合同上订的是三级，往往拿回来的多数是四级，有时甚至还有五级，这样，公司产品质量不能满足客户需要。上周三你告诉我，这次考棉检师考得怎么好，我同你开玩笑说："你不是不懂看棉花，而是不懂谈生意，这次给你休息半年时间，复习考棉检师，主要就是让你清醒清醒头脑，调整好心态。"

十一、W是你的表弟，近两年跟你出去买棉花，经常受你的气。他同我说，你看不起他，他不同意再跟你出去。经过我耐心劝说，他才勉强答应过一段时间再说。你对W这种态度应该吗？

十二、听说你对公司2007年6月1日经营人员会议纪要中提到的"原料采购人员春节以来的采购工作做得比较好"这句话有看法，我认为你这看法是多余的。因为近期买的棉花质量究竟如何，生产车间知道，用户知道。再说2007年春节以来，购买棉花的合同，要比你过去签订的合同完善得多，特别是品级、长度、三丝控制、付款方法、价格结算等方面的约定，比你过去签订的合同更明确，你不妨对比一下。

……

上述事例，我从来没有做过一个字的笔记，因为每件事都给我正常管理带来麻烦，所以我印象特别深刻。罗列这么多的事例，是为了使你警醒：不能再像孩子了！不能再这样继续下去了！

还有一点我想同你说一下。过去你在原棉采购工作中，没有想到购买棉花后，市场跌价给企业造成怎样的损失。只想到购买棉花后，市场涨价给企业创造的效益，只想到这是你个人努力的结果，所以你一直以此为傲，不思进取。却没有想到这是企业给你提供的平台和资金，没有想到，如果换其他人做，可能会比你做得更好。

你的好朋友在我面前说，他曾与你多次讲过这样三句话：一个人看不到自己的错误、缺点，又不谦虚，这是做人最大的悲哀；要你改好只有两种可能，一是你离厂撞得头破血流之后，一是你转世投胎之后；你跟着陈总工作了二十多年还不成熟，陈总有很大责任。我想最后这句话说得非常正确，说明我对你帮助还不够，说明我帮助你的方法还不顶用。以前我同你说轻了没有用，说重了你就生气。我一直没有找到能说服你的人，这也是我的一大遗憾！

人生苦短，情谊难断。二十多年来，我们之间的关系是好的，没有任何实质性的矛盾，有时可能有点误会。

G，以上我说的几乎全是你的不是，可能也有我的原因，事实上你的优点也有，你为我和企业出过一些主意、做过一些努力、做过一些工作。今夜写这封信的目的，就是为了帮助你真正认识到自己的错误缺点、振奋精神、做好工作。你做得好的方面在这里我就不写了。

　　G，我写到这里已花了三个半小时（现在是凌晨3时10分），不管从哪方面讲，我们之间没有任何理由闹别扭，你毕竟是我23年的同事，我要搞好三个厂必须依靠所有的人，绝不会任由别人欺负你。上周三我还同你说过，采购、销售重新组合成两个小组，主要是为了解决产品销售难的问题，是为了企业正常运转。如你仍认为做销售没面子，我奉劝你一定要想到，如果厂关门了，还需要人买原料吗？如你有更好的解决产品销售难的办法，我一定会采纳。如果你是一时冲动、听了一面之词，又没有同家人商量，请你在近几天将《辞职报告》收回；如果你确定考虑好了，真正铁了心要辞职，我提醒你一定要想到离厂后不能如你所愿怎么办？

　　现在公司在职和退休人员1700多人，纺织行业形势越来越严峻，熟练工越来越难招、越来越难管、越来越难留，企业的刚性支出又不断增加。虽说公司总资产有几千万元，但贷款、欠款也高达几千万元，企业正常运转时一点问题没有，企业一旦不能正常运转，银行通过法院强行拍卖我公司所有资产，不知能否卖到一半。即使能卖到，还差一半，钱从哪里来？在职人员的工作如何安排？退休人员每月的生活补贴费怎么办？所以我一直全力以赴地工作，对所有管理人员，包括你在内，确实抓得比较紧，请你能理解。不能等企业倒闭了我才抓管理，到那时就迟了，你或多或少要受到牵连。所以我还请你继续帮我的忙，把公司最重要的销售工作搞上去。

　　上述之言，如果在事实上有出入，你有不理解的地方，你有不同看法，你有什么感想和打算，请你写给我，以便我反省，以便我俩今后更好地沟通与合作。

　　切盼，
回复！

志凌
2007年6月12日凌晨3时15分

邀请分管工业区长来厂做报告

我在企业"党政一肩挑"期间，大力度的企业内部改革触碰了一些既得利益者，加上当时的环境因素，企业职工思想比较混乱。

为了统一全厂干部职工的思想，1992年3月8日，我特别邀请了分管工业的区长在全厂职工大会上做报告。其目的：一是鼓舞士气，凝聚人心，引导员工认清我们小棉纺厂所面临的"不进则退、不上则下"的严峻形势；二是动员干部员工心往一处想、劲往一处使，不能搞"内耗"，要竭力搞好生产；三是教育少数不认真工作、喜欢滋事告状的人不要编造谣言、干扰我的正常工作；四是改变一些在职员工的错误认识，不能认为有家属、亲友在市、区、乡机关工作，就可以无视厂规厂纪，不服从企业管理；五是借助区长对我厂工作的要求，激励全厂干部员工为企业生存、发展献计出力。

这位区长的工作报告，紧密结合我厂干部职工的思想实际和生产实际，内容丰富、主题鲜明、精辟生动、扣人心弦，确实对进一步统一我厂干部员工思想、深化内部改革、强化企业管理，起了有力的推动作用，达到了我们的预期目的。

编写《生产工作手册》

我担任厂长一段时间后，发现相当一部分人员对生产知识、岗位职责、工作要求、管理办法等没有系统的认识。要全面、有效地改变这种状况，编制生产工作手册就尤为重要。在深思熟虑之后，我开始收集、整理、学习相关文件和资料，同时，向各类有经验的人员请教，历时近一年，编写出15000余字的《生产工作手册》。

《生产工作手册》具体规定了每一道生产工序、每一个工种、每一个生产岗位、每一个生产环节的技术标准、操作流程、注意事项。具体规定了各类人员的工作内容、工作要求、操作要领、检查考评方法等等。从而使所有生产人员对"该做什么、怎么做好"都有了一些理性认识、总体概念，使工作越做越精细、越到位。新进厂人员和转岗人员通过对《生产工作手册》的学习、短时间的实践，就能顶岗担责，使生产实绩不断刷新、生产秩序持续好转。

《生产工作手册》对企业生产数据管理、现场管理、工艺管理、质量管理、设备管理、运转管理、班组管理、员工管理、安全管理、服务管理等都一一作了详细的规定，有力地推进了企业生产不断朝着规范化、标准化、数据化、科学化的方向发展。

《生产工作手册》要求每一位企业管理人员坚持做到三点：一是正确理解和领悟领导与管理的含义。领是带领、率领，导是引导（思想上）、辅导（业务上）、督导（检查上）、教导（说教上）。怎么领导：先领后导、少领多导、又领又导，重点在导。注意引导、启发管辖范围内的人员多动脑筋、建言献策，在集思广益的基础上善于作出决策。管是监管、控制，理是道理（讲大小道理）、条理（做事顺序、理顺关系）、伦理（影响力）、理性（忍耐性），根据不同情况，采取先管后理、少管多理、又管又理的办法进行管理；二是做每项工作都要有计划、有目标、有布置、有要求、有检查、有记录、有考评、有总结、有改进办法；三是团结、动员、组织、协调方方面面的力量，出色地完成好本职工作任务。

《生产工作手册》明确要求每一位员工做到爱岗敬业，不断学本事、用本事，圆满完成领导下达的各项任务；做到遵章守纪、服从安排、团结合作；做到工作中哪怕有一点不足或失误，都要主动承认，不要隐瞒、诡辩，给周围人传递正能量。

通过《生产工作手册》的编写，我进一步学习、掌握了生产知识和管理知识，提高了自己的管理能力和水平。各级管理人员也都能自觉地把《生产工作手册》作为自己工作的作业指导书，独立、及时、妥善地处理生产管理过程中发生的一切问题。我也从纷繁复杂的生产管理事务中摆脱出来，可以更好地集中时间和精力思考、处理企业生存与发展的大问题。

编写《营销工作手册》

随着市场经济的日益发展,营销工作在企业管理工作中的地位与作用越来越明显。过去,营销人员洽谈业务、订立合同,每次都要等领导拍板,这样一旦遇到特殊情况就容易失去商机、丢失客户,给企业生产和效益带来影响。因此,我在回顾总结、研究分析以往营销工作的基础上,潜心收集、整理、学习、领会企业营销工作相关资料,频繁拜访营销工作做得好的企业领导与营销精英,虚心向内行们请教,同时借鉴各行各业在营销工作方面的成功经验与失误教训,历时9个多月,编写了6000多字的《营销工作手册》。

《营销工作手册》对业务洽谈前的准备、业务洽谈中的要点、工费核算的方法、签订合同的内容、履行合同过程中需注意的事项等都做了明确要求。

《营销工作手册》对合同管理(合同起草、合同变更、合同保管)、客户管理(客户建档、客户分类、客户归属)、开票管理、发货管理、货款管理、库存管理、服务管理、质量问题处理等方面都分别作了详尽、周全的说明和规定。对每项管理、每个营销人员在不同情况下,每笔业务具体应该怎么做、不应该怎么做都提出了相应规定。特别要求营销人员从走上营销岗位第一天起,就必须牢记使命:"舞好营销龙头、争当同行标兵、敢对企业负责、好让员工放心",并时刻想到,自己的一言一行都直接关系到员工的就业与待遇、直接关系到企业的生存与发展。坚持做到客户要求就是自己工作的职责、客户满意就是自己工作的目标。

通过《营销工作手册》的实施,一是使每个与营销工作有关的人员都能做到想营销工作之所想、急营销工作之所急、做营销工作之所需,时时、事事、处处配合支持营销工作;二是使每个营销人员都能按照《营销工作手册》履行职责,即使外出洽谈业务,也不需请示领导,自己完全可以独立运作。

《营销工作手册》实施以来,我厂的营销工作一直没有发生任何重大问题和重大损失，应收货款和库存产品不断得到合理控制，营销工作不断朝着淡季不淡、旺季更旺的方向转变。

百万巨款历险记

1990年夏季，采购棉花非常困难，尽管我们想方设法，通过各种关系四处购买，可还是不能满足企业生产需求。

有一天，一位国营棉纺厂的原棉采购员向我厂原棉采购员介绍说，山东济南一家贸易公司有300多吨正宗的二、三级棉花要卖。我得到这个消息后，立刻派了抓生产的R厂长和原棉采购员前往济南看货，洽谈购买棉花事宜。行前，我反复叮嘱R厂长，即使购棉合同签订好了，如果所购棉花不及时装上火车或不装上货船，100万元的银行汇票绝对不能给对方。R厂长到济南看了棉花后，认为很好，价格也符合行情，第三天将购棉合同签订好。第五天傍晚R厂长打电话给我，说对方坚持不拿到汇票就不发货，他认为对方假不了，还是把汇票先给他们。我说："不行，万一上当，我和你担不起这个责任，甚至还会坐牢。你到他们的经营部、传达室、仓库再看看，与他们有关人员再聊聊，进一步摸清情况。"

过了一个多小时，R厂长打电话给我："好在听了你的话，差点上了当！仓库保管员告诉我，他们仓库的棉花全部是济南某国棉厂寄存的，贸易公司没有棉花。我们到旅馆拿行李欲返回，发现他们已派了几名彪形大汉在走廊里来回走动，吓得我们不敢到房间拿行李就离开了。"

此番经历颇为惊险，市司法局T先生和我乡的Y先生，专门采写了篇报道刊登在《江苏法制报》上，以警示读者。

风险大的情面不能给

1992年11月,乡党委S书记与我说,区委巡视员有个几十年的好朋友,原是南通人,1961年去新疆支边,后一直在新疆工作,他可以帮我们介绍棉花供应商。于是我们就急忙到闸西信用社贷了120万元去新疆买棉花。

到了新疆,看了棉花不错,价格也比较适中。洽谈购棉合同时,双方因货款支付、验收方法、发货时间产生了分歧。对方提出:先付120万元货款,货到你厂后验收,发货时间不能确定,因为接近年底,火车运输非常紧张。我不同意先付款后发货,区委巡视员对我说,汇票给他们没有问题。我说汇票是给棉花供应商而不是给你朋友,再说现在棉花市场比较混乱,棉花包里常常夹有砖块、石块、旧棉絮等杂物,你是帮我厂忙的,我不能让你承担太大风险。第二天巡视员又同S书记说:"你们胜利纱厂买棉花,只有陈志凌和他的原棉采购员能做主,其他人是插不上手的。"然后S书记单独问我,汇票到底能不能放在这里。我说绝对不能,如果汇票放在这里,巡视员的朋友是做不了主的,棉花供应商一直说落实不了运输的火车车厢,我们怎么办?即使发了一部分棉花,还有的发不回来怎么办?我们与他们订的是正宗三级棉花,他们发的是四级棉花甚至是五级棉花,我们又怎么办?我是跟你来的,如果资金丢在新疆,将来要钱是很困难的,开销也一定很大。一个工人一年的工资只有几千元,如果钱要不回来,我和你都要承担经济责任和法律责任。S书记认为我说的话有道理,可是区委巡视员认为他在朋友面前丢了面子,回家路上没有和我说一句话。

过了四个多月,报纸、广播报道了上海、苏州、江阴等地区的棉纺厂在新疆买棉花上当受骗的事件,我所预测的几种情形都发生了。

时过境迁,该区委巡视员与我在朋友家吃喜酒时相遇,他夫妇俩向我敬酒,我这才松了口气。

区长来厂搞调查

1993年初，不时会有所谓举报我问题的"人民来信"，其中有封信直接寄到了中央纪律检查委员会。

为了调查核实人民来信及有关人员反映的问题，时任港闸区委副书记、区长先到我厂车间看了生产现场，然后向当班的班组长、部分工人了解企业运行情况和我个人的有关情况，再到科室向有关干部核实"人民来信"和"相关人员反映我问题"的有关内容。

区长调查了解后到我办公室，直接和我说："志凌，刚才我在你们纱厂转了一圈，干部工人对你评价不错，车间管理井井有条，你工作中有什么困难，对组织有什么建议可以和我说说。"

当时，我说了三点。

第一，我当厂长后注重了工作的原则性，忽视了工作的灵活性，近两年推行企业改革又触及了一些人的利益，个别被解聘的干部采用各种形式诬告我，还有的干部为了达到不可告人的目的，利用社会上方方面面的关系，千方百计想让我下台。

第二，乡党委似乎对我也不够理解，前不久党委书记把我叫到他办公室谈话，明确要求我立即停止企业技术改造。我同党委书记说，如果我们继续使用有一百多年历史的设备生产，产品将无法参与市场竞争。书记说不管怎样，不允许我再投一分钱搞技术改造。后来该书记调离时，专程来办公室与我辞行，他非常坦诚地对我说："干部一般存在两种情况，一种是凭关系，另一种是靠自己，你的确是靠自己干出来的。过去在我面前说你坏话的人多，说你好话的人少，当时我有点偏听偏信，今天特地来向你打个招呼。"这番话一直感动着我，也一直鞭策和鼓舞着我！

第三，党委、政府任命的副厂长不履行职责，到财务科领钱还不同意填写资金使用申请单，我多次同他交换过意见，请他的至亲做工作，也向党委汇报过，但都作用不大，我很无奈。

区长听后，立即表态："我现在就去找乡党委领导谈。你要安心工作、大胆地干，我们会支持你的。"

从业者之歌
——从扛草工到企业掌门人

力拒百万美元担保

20世纪90年代，在各级政府竭力进行招商引资的热潮中，我乡某企业与台湾某公司合资注册了一家企业。

1995年，该企业请时任分管工业的M市长帮忙在交通银行贷款100万美元。交行为了规避风险，要求我乡两家较大的企业为其担保，乡党委S书记等人反复做我的工作，要我单位为其担保。我直率地同S书记说，凭该公司负责人的综合素质，根本不可能把企业搞好，再说为其担保只有风险，没有利益，一旦出了问题，我厂的工人是不会放过我们的，所以绝对不能担这个保。过了一个多星期，S书记又打电话给我，叫我去他的办公室面谈担保的事。我跑到厂门口，想想我和S书记性格都很耿直，如我不同意担保，势必会与他发生争执，不如不去。回到办公室，我与厂党支部负责人通了个气，就出去洽谈业务了。过了一会儿，S书记和另外相关领导来到我厂，责令党支部负责人在担保合同上签上我的名字，并盖了公章。接着又去找了棉织十一厂的厂长签了字，盖了公章，就这样办好了相关担保手续。

1997年，该合资企业在交行贷的100万美元即将到期，但无法及时还贷，交行要求两家原担保企业继续为其担保。在半年多的时间里，乡党委和政府的负责人，先后做了我十几次工作，我始终不同意为该企业担保。无奈之下，他们请了区领导来厂做我的工作。他们说："如果不继续担保，你们两个厂肯定要被交行告上法庭，两个厂的账户必然要被冻结，企业就无法正常经营……"他们说了半天，我还是不同意担保。

二十多天后的一个上午，乡长打电话通知我下午两点到区委常委会议室开会。那天区委书记亲自主持会议，他开门见山地说："今天请大家来，就是为某台湾合资企业继续担保的事，陈志凌你先说说。"

当时，我直言不讳地讲了四点。第一，该合资企业内部管理非常混乱，他们是搞不下去的，你们不要为他们白费劲；第二，如果我们胜利纱厂和棉织十一厂继续为其担保，两年后该合资企业百分之百还不出这笔钱，到时只有我们为其买单；第三，我听说该合资企业为了贷款100万美元，在虹桥新村买了一套住宅商品房送给交行有关负责人，如果我们继续为该合资企业担保，这一对我们极为有利的证据就会失去应有的法律效力；第四，如果这次为该合资企业再签字担保，交行肯定会把贷款合同、担保合同写得滴水不漏，到那时我们肯定找不到半点对我们有利的证据。所以这次不能担保，即使交行起诉，我们还可以利用这有力的证据来应对。区委书记听明白了个中原委，认可了我的意见。

过了一个多月，交行一纸诉状把我们胜利纱厂、棉织十一厂告到南通市中级人民法院，要求我们承担连带责任。因为当时交行没有把这份贷款合同和担保合同给我们，该企业说也没有这份贷款合同和担保合同，所以我们实在无法应诉。于是，我请了市平凡律师事务所律师到交行提取合同，可他们不接待。

过了几天，我把为该企业担保贷款的有关情况，向时任区检察院的检察长做了汇报。第二天上午，检察长打电话告诉我，他刚听到区委副书记说，前不久区委有个特殊决定，说关于该企业的有关问题，检察院和纪委可以找其他任何人了解，但不可以找银行的人谈。我同检察长说，我打电话约区委主要领导，请他下午两点与我一起去。

当天下午，检察长和他的助手及区纪委副书记与我一起到了区主要领导办公室，检察长和他的助手与区主要领导详细谈了他们的看法和建议。区主要领导说，不管怎样，银行的人绝对不能找，如果地方政府和银行关系搞僵了，对今后地方经济发展肯定有影响。我听后，再也无法保持镇静，拍着桌子说，银行是帮富不帮穷，即使今天我们为该企业继续签字担保了，如果明天一家效益不好的企业去交行贷款肯定还是贷不到，再说检察院如果不把交行有关负责人拿该企业一套住宅商品房的事查清楚，不从交行把该企业贷款合同和我们的担保合同要来，我们两家担保单位肯定要败诉，肯定要为该企业承担1000多万元（当时美元兑换人民币的汇率是8.27，加上几年的利息）的债务。到那时，两个厂在职和需厂承担生活费及困难补助的退休工人共1500多人，突然没有了生活来源，肯定会把你的办公桌从楼上扔到楼下！

区委领导听后，思考了一会儿，不顾上级和银行方面的压力，果断地对检察长说："那就把他（指交行有关负责人）搞搞清楚。"

时至今日，我一直非常敬佩这位区领导的容人之量和为民情怀。他不但没有计较我的态度和激烈的言辞，还支持了我的主张。

交行不服一审败诉的判决，更换了市行的行长，上诉至江苏省高级人民法院，最后还是我们大获全胜，没有承担一分钱连带责任。

时任乡党委书记向区委书记汇报这个情况时，区委书记连声称赞："陈志凌有办法，陈志凌有办法！我从未见过贷款单位还不出钱，其担保单位能完全摆脱连带责任的。"

事后，M市长与我和乡领导在本乡某针织厂吃饭时，说我为闸西乡人民做了一桩大好事。

拯救濒临倒闭的棉织十一厂

1996年上半年，我区的原明星企业、我乡的骨干企业——南通市棉织十一厂濒临倒闭，市级权威机构审计结果为负资产610万元。该厂从1989年至1996年换了四任厂长，其中有两任是乡工业公司副经理，一任是乡经联会副主任（相当于副乡长），一任是乡政府招聘过来的科班出身、原大集体纺织厂的中层干部。

为了迅速扭转十一厂的局面，乡党委、政府领导先后找我谈了十几次话，要我兼管十一厂，我都一口回绝。区、乡有关干部也和我私下说，十一厂已被全部搞空，内部管理相当混乱，工人迟到、早退、上班睡觉、做私活、无故旷工、动不动就罢工的现象非常严重，如果你去就要下一番功夫，否则纱厂将会被拖垮。

1996年7月26日，区委副书记和区长来厂找我谈话，要我支持区委、区政府的工作，把十一厂接管下来。他们说十一厂不能关，十几年来该厂一直是我区的明星企业，在职工人647人，还有130多个退休工人需要厂发放生活补助费，如果厂关了，工人闹事，影响会非常不好。我被他们坦诚的话语打动了，答应去试试。

第二天，乡党委书记、副书记、分管工业乡长与我谈具体接管十一厂事宜。我说8月1日去报到，因为那天有意义，他们马上说："不行，因为十一厂没有钱买原料纱，到外又赊不到一两纱，现在车间机台已关了一半，再过两天车间里机台会关更多，人心会更不稳定；年初在闸西信用社贷的200万元即将到期，你必须30日去。"

1996年7月30日下午，分管工业的乡长带我去十一厂报到。一到那里我发现，这里没有厂门，紧靠马路边的布仓库也没有门，乡党委驻厂工作组通过对布仓库盘存，发现少了价值6万多元的布；厂区泥路通道没有路灯，坑坑洼洼；浆纱车间屋顶有形状不同的四个大洞；整经车间也是危房……干部、工人担心工倒闭的表情都流露在脸上。更没有想到的是，为我准备的办公桌上的台灯、电话机被人摔坏了，连我汽车轮胎也被戳坏了……

那天，烈日当空、热浪滚滚，可我却凉透了心，我该怎样才能把这样的厂搞上去呢？我想既然来了，就只有破釜沉舟、背水一战！

报到的第二天上午，我就召开了中层以上干部会。他们提出目前企业急需解决的问题是：没有钱、没有纱、没有浆料、没有机配件、没有订单，无法维持正常生产，连招待客人的茶杯也没有；按规定，布机半年要大平车一次、三个月小平车一次，现在477台布机已一年半以上没有平车，坏车率太高，产质量、安全得不到保证；劳动纪律松弛，管理干部说的话已不起任何作用；几家国营、大集体纺织厂正想招收我们年轻挡车工和技术工；浆纱间、整经间屋顶快要塌，必须抢修……

面对十一厂千疮百孔、一盘散沙的局面，我只有豁出去干了。

一、自己率先垂范，呼唤职工信心

（一）我到任后，分别召开了党员、干部会和职工大会。会上我非常沉重地说："十一厂已经资不抵债，不能再折腾啦，企业亏损没有哪个贴我们，只有靠我们脚踏实地地干。我来十一厂没有向组织上提一点要求，我只想与你们一起打好企业翻身仗。如果十一厂最后关门了，大不了说我没本事，可你们还要工作呢！"

会上我承诺：第一，在企业净资产没有变为正资产前，不拿布厂一分钱工资；第二，不搞特权，不为亲友谋私利；第三，不吃请、不受礼、不搞个人小圈子；第四，不畏权势、扶正压邪，坚决维护职工的合法权益；第五，推行改革，全面整顿，建立管理新秩序。

（二）先后筹集1600多万元，确保企业生产经营正常运转。每月按时足额发放工人工资和有关福利待遇；确保企业正常运转所需要的一切资金；支付要得急的债务；翻修危房，消除安全隐患。

（三）每天提前上班、推迟下班，除出差外，我夜里都要到生产车间转一圈，了解生产情况，与工人交心、培养感情，倾听他们的建议和意见。

（四）及时果断处理企业运行过程中的突出问题，不断提高工作质量和效率。

通过一段时间实实在在的工作，改变了工人们对"社会上的一些厂长只顾自己捞钱，不顾工人养家糊口"的认识，重新建立了他们对搞好企业的信心。一名科室干部同我说:"陈厂长,自从你来厂后,厂里的风气变好了,办公室的气氛也不同了,人际关系变融洽了,大家工作变主动了。"

二、盯住弊端改革,增强企业活力

针对企业管理不到位,存在着机构臃肿、人浮于事、职责不清、效率低下、注重人缘不注重工作等种种弊端。如果不进行改革,这些弊端将成为企业步入良性循环的障碍。经过四个多月的调查摸底和慎重思考,我开始进行大刀阔斧的企业内部改革。

首先,将生产组长以上管理人员每月的报酬与当月完成的生产指标和工作任务挂钩,将全体管理干部每人每月25%的报酬提留出来,作为生产抵押金。在规定期限内完成生产任务才能如数退还,否则分文不退。根据每月产量、质量、消耗、安全生产、文明生产、开发新产品的实绩结算每个工人的工资,平时主管领导负责做好记载,保存好原始资料,年终分配时分一、二、三档予以充分体现。

其次,减少管理层次,精减富余人员。先后削减了13名管理干部;同时让65名45岁以上的二三线女工提前下岗、享受退休待遇,安排两名精神病患者在家休息,享受上班待遇;还清退了9名借、留用人员,批准了2名没有班组接受的人员辞职。

再次,进一步完善内部分配制度,按照少用人、多做事、做事好、多得益的思路,分工段、分工种、分岗位制定了50多种考核计酬办法,坚持向生产一线倾斜、向技术骨干倾斜、向实绩突出者倾斜,努力达到"好的工种没有人争着做、苦脏累的工种有人愿意做、急难险重任务有人能完成"的目的,从而极大地激发了绝大多数职工的生产热情,那时最多的一个工人一个月拿了1042元工资,最少的只拿了237元。

……

通过改革,动摇了长期束缚、阻碍企业发展的旧习惯势力;冲破了长期制约企业发展错综复杂的裙带关系;更新了绝大多数职工根深蒂固的旧思想旧观念。通过改革,淡化了干部中"铁交椅、找靠山、不务实、拉关系"的意识;纠正了职工中"只要不做违法的事,工作做不好没问题,工龄长就是资格,吵得凶就是本事"的认识。通过改革,企业的关系理顺了、风气好转了、活力增强了、整体素质提高了。1997年1—9月,在人员减少147人的情况下,企业实现了产销两旺,完成产量 772 万米，比去年同期增长 27%，销售库存产品近 150 万米，没有产生新的库存，实现了扭亏为盈，上缴乡政府管理费 17 万元、缴纳税金 59 万元。

三、强化内部管理，刹住歪风邪气

由于较长时间管理不到位，企业歪风邪气比较盛行。如原辅材料、机物料领用规定形同虚设，迟到、早退、浪工、窝工、旷工、消极怠工、班中做私活、吵架、班中擅自出厂门、"坐躺靠睡"的现象频频发生。

我深知，企业越是亏损越不能变成一盘散沙，越是要严格加强管理，而且要敢于动真碰硬。

我到布厂上班的第一天下班前，供销科 X 科长来我办公室说，那天他去石港十二棉买了 3.5 吨 30s 人棉纱，不小心丢了 4 包（160 公斤）。当时我想 5 吨的新卡车装 3.5 吨纱怎么会丢呢？我不便说其他什么，只是责成 X 科长必须把丢的纱找回来，供销科的工作安排给其他人做。X 科长装着十分为难的样子说，石港十二棉距离我们厂有六七十里路，过了这么长时间要找到太难。我说 160 公斤纱，加上包装袋、宝塔管，大约有 175 公斤，两个力气小的人根本拿不动。你 X 科长亲自押车丢的纱，不找回是绝对不行的，也不好向全厂干部员工交代。第二天下班前，X 科长告诉我，沿途找了一天没有找到。我责成 X 科长在第二天上午 10：00 前将检查写好交给我，检查中要把丢纱经过、思想认识及如何接受处理等写清楚。可是到了第二天上午 10：10，X 科长还没有把检查送来，我就去供销科找他。他说检查没有写好，我责令他在 20 分钟内把检查送来，同时通知厂级干部上午 11：00 开会，专题讨论 X 科长丢纱一事的处理意见。经过充分讨论，最终决定：责成 X 科长在管理干部会议上做深刻的思想检查；3 个月内 X 科长必须全额赔偿 160 公斤纱款（3200 多元）；免去 X 的科长职务，下车间当工人；《处理决定》通报全厂。

X 科长被处理后，在全厂引起强烈反响。有些干部说过去 X 科长一直无法无天、私心杂念太重，在厂先后领付几万元外出采购，几年过去了没有任何货物回来，没有人敢找他，这次遇到"对手"；有些工人说，X 科长不识时务，把陈厂长还当成是前几任厂长，挑战陈厂长，真是看错了人；在厂做工程的建筑负责人说，看来十一厂要有希望。

根据乡党委要求，前任十一厂的法定代表人 V 厂长改任生产厂长。可她不但不配合我的工作，还拆我的台。我上班第一天，V厂长拿着一张向某单位购纱的增值税发票叫我批。她说原来发票的计量单位写错了，把"吨"写成了"米"，我轻信了她就批了。当天下午乡党委副书记打电话给我说："向某单位购纱的增值税发票你不能批，因为两年多前某单位买纱到十一厂加工布，后因原纱跌价，每米布降价了2元多，某单位千方百计想把他们买的纱按原价卖给十一厂，几个月前我已吩咐V厂长，不可以把这笔加工业务改成'双经销'。"

V厂长主管生产后，不安排生产计划、不解决生产问题，生产管理人员向她请示工作，她不明确表态；工人向她反映问题，她均不答复……我与她促膝谈心多次，她口头上答应好好工作，实际上还是老一套。之后，我请党委负责人找她谈话也没有效果，她在企业的负面影响实在太大。过了一个多月，经厂党支部委员会讨论决定：安排V厂长追收她过去经手的应收款，若她在3个月内把自己以前为一家个体风机厂签字担保的30万元（银行已在企业贷到的款中扣除）全部追回，享受原工资待遇；若每月追收2万元，则享受基本工资；如一分钱收不回，则一分钱工资不发，待全部追回后再如数补发工资。结果过了三个多月，她一分钱没有收回、不辞而别。

根据V厂长受聘后的工作表现和给企业造成的损失，厂党政联席会议讨论决定，请有资质的会计师事务所对V厂长担任十一厂法定代表人期间的财务进行审计。

通过审计，发现她任职期间亏损了数百万元。根据干部工人的反复要求和《招聘合同》中"每年确保企业利润30万元以上，才可享受企业为其购买的商品住宅房"等约定，厂方通过法律途径，于2001年将V厂长不该享受的一套商品住宅房收回。后因V厂长的儿子来厂求情、付9万元给厂（相当于市场价的80%左右），房子仍给她家人居住。当时虽然企业产权已转让给我，但是我把要回的9万元都分给了工人，得到干部工人的一致称赞。

1997年初，整理车间的工人嫌计件单价低、不愿好好做，21个修布工跑了8个，要修的布堆满了车间，尽管我们多次做工作，仍然无效。厂部认为原来所定的计件单价是合理的，不能满足少数工人漫天要价的心理。于是厂部果断采取措施，请通棉一厂和通棉五厂的老师傅利用班前、班后、厂休日来厂修布。历时两个月，本厂的修布工思想渐渐发生了转变，主动向厂部提出："修布任务我们能完成，不再需要请别人。"结果在减少8个修布工的情况下，仍然及时完成了修布任务。

1997年3月21日，布机车间的少数挡车工认为定额指标过高而消极怠工，造成车间绝大多数机台停台，厂部立即召开全体布机车间工人会议，在公布市会计师事务所对本厂财务审计结果的基础上，严明厂规厂纪，做出了利用厂休天补班完成生产任务等四条处理决定。事隔不久，对不配合做工作的两名生产组长给予免职处理，改做挡车工；对带头闹事的职工给予留厂察看半年的处分，并对照厂规厂纪扣款200元；对坚持开台的3名工人给予表彰奖励，其中一名挡车工荣获了市"五一劳动奖章"。

在动真碰硬、狠刹歪风的同时，制订、完善生产管理制度和各工种岗位责任制。在全厂干部职工中竭力推行《逐月百分考核表》的办法，加大检查、考核、奖惩力度。将修改的规章制度提交厂职代会讨论通过，利用班前班后员工会议和黑板报、宣传牌、宣传橱窗等形式，大力宣传厂规厂纪和劳动纪律的重要性和严肃性，并邀请派出所民警来厂给干部工人上法制课。党支部、群团组织、管理人员积极做好"一人一事"的思想工作。选派7名中层以上干部到三班带班，重点解决常日班下班后和夜班生产秩序混乱的问题。经过一系列的有效整治，企业风气和干部职工的工作态度都发生了较大变化，产品质量和生产效率提高了，生产成本降低了，事故隐患减少了。

四、突击组织人员，整修布机设备

根据当时的纺织工业部标准，布机设备除了正常检修外，每隔3个月要全面进行小平车，每隔6个月要进行一次大平车。

我刚到十一厂时，生产管理人员、挡车工和保全工向我反映，大部分布机有一年多没有大、小平车，一部分布机有两年多没有大平车，坏车率一直处于上升趋势。针对这种情况，厂内组织了2个平车队，请了某国营纺织厂3个平车队（利用业余时间），先后花了40多天时间、30多万元，对所有布机进行了大平车，大大改善了布机状态，满足了正常生产的需要，提高了挡车工对设备管理的满意率。

五、招聘培育人才，改善干部队伍

要将十一厂搞上去，招聘人才、培育人才迫在眉睫。接管十一厂前，我在某国营纺织厂招聘了 5 名管理干部，尽管给了 3 个多月的时间让他们对十一厂进行全面深入的了解，并与他们正式交谈 3 次，但是到他们上班的第三天，5 人中就走了 4 人，只留下原某纺织厂做经营计划、已退休的一人，这人认为产品销售工作难做，过了一段时间也走了。接着我们又想方设法从濒临倒闭的大集体纺织厂招到 1 名经营负责人，从某国营纺织厂招到 1 名工程师和素质比较好的 3 名工人来厂。经营负责人和工程师来了以后比较适应，招的 3 名工人，其中 1 人非常努力，最后成为主管生产的厂长，另 2 人觉得不适应便走了。

招聘人才、培育人才，对改善企业管理干部队伍结构、提高企业管理水平和生产技术水平、摆脱企业困境，确实起到了关键性的作用。

六、提供后勤保障，塑造企业形象

对传达室、车间、仓库、食堂、厕所和环厂围墙全部进行了整修、粉刷；对所有危房全部进行了改造；将厂区泥路通道全部改成水泥路面，安装了路灯；厂门口安装了电动门，配齐了仓库门和有关附房的门窗；租了 3 亩多地，建了成品仓库和生产附房，另建了 400 多平方米的职工宿舍、300 多平方米的车棚和 300 多平方米的办公楼；加强了食堂管理，确保饭菜新鲜卫生、品种多样。厂区面貌焕然一新，员工一进厂门就感到心情舒畅，提升了他们对企业扭亏为盈的信心；外地员工一到十一厂就认为不错，乐意安下心来工作；业务合作单位的人来厂一看，认为与十一厂合作大有希望。

七、着力技术改造，改善生产装备

我接管十一厂前，477 台布机全是有梭的：44"128 台、56"192 台、75"157 台，另 12 台 2 米剑杆织机因质量问题一直没有安装投产。经过十多年的努力，除了保留 44" 布机 40 台、56" 布机 64 台、为原有的黄金客户配套生产特殊品种外，其余有梭布机全部淘汰，新购 2 米剑杆 146 台、2.8 米剑杆 85 台，最多时布机达到 639 台。辅机设备、电气、空调等设施也进行了更新换代。通过技术改造，大大改善了生产环境和生产条件，减少了用工，降低了生产工人的劳动强度，降低了机物料的耗用，提升了产品档次，月产量从 50 多万米提高到 150 多万米。

八、清理债权债务，挽回企业损失

在认真抓好企业正常生产、经营的同时，对企业过去的债权债务全部进行了清理。杭州一家国营皮革厂，4年前欠十一厂29.6万元。先后有四批人去讨债，一分钱没有要到。我们了解到该企业还在正常经营，就上门拜访。通过一番诚挚的交谈，该厂法定代表人同意付10万元，并答应过3个月再付10万元，6个月内全部付清。过了3个月后，他们没有按约定付款，我们多次打电话催要，该厂长说他们也困难，只能再付5万元。又过了3个月，正逢1997年春节前夕，我与供销科科长前去要款，他们不肯接待。那天晚上大雪纷飞，我们去该厂长家，他不开庭院大门，我们只好在外面等。他的家人看到我们没有雨伞雨衣站在雪地里，就开门让我们进了他家。该厂长说："过了4年多，本来我们可以一分钱不给，只因第一次同情你们给了10万元。现在我们企业十分困难，实在没有钱给，我们只能用库存的人造革抵债。"我同该厂长说："人造革我们拿回去没有用，又不懂卖，你将好事做到底，把剩下的尾款付了，我们全厂的工人会感谢你的。"他又说，他个人不好做主，等明天上午开了厂务会再说。第二天上午9：30，我们准备去该厂长办公室，他们派人在楼梯口阻拦，不准我们上楼找厂长，相持了十几分钟后，我借机去了厂长室。该厂长对我说："厂务会讨论决定以人造革抵债，如果你们不要，我们也就没有办法了。"我苦苦诉说了一番，他仍不同意给钱。我说，如果你们一定要给人造革，我们就租部卡车装着人造革，写个"抵债人造革，拿回去没有用"的牌子挂到车上，停在你们厂大门口。最后该厂长答应再给10万元汇票，余款给人造革。时任港闸区法院的院长知道这个情况后很受感动，多个场合介绍我的追债劲头和办法。

通过采取一系列措施和办法，十一厂终于起死回生。产值、销售、利润、员工工资和福利待遇不断上升，厂容厂貌大为改观，干部工人的精神面貌发生了深刻变化，成为本地区同类型、同性质小型织布厂中的佼佼者，《南通日报》为此刊登了题为《不信东风唤不回》的文章，专题介绍了十一厂由衰转盛的事迹。时隔一年多，区委书记亲自来我厂，建议我再接管一家近1000人、占地面积90多亩的毛纺厂。我实在力不从心，婉言谢绝了。

附：

十年磨一剑 企业谱新篇 管理再创新 行业争领先
——在庆祝原棉织十一厂加盟惟越集团十周年茶话会上的讲话
2006年7月30日

各位同事：

十年前的今天，也就是1996年7月30日，原闸西乡党委的重大决策，使原棉织十一厂投入了惟越集团的怀抱。十年前的情景、十年中的历程、十年后的蓝图，无不在我们"布厂人"脑海里翻腾……

十年前的情景

让我们一起把尘封的记忆定格在十年前，那时的情景令人不堪回首。

偌大的企业大门洞开，门口空空荡荡；环厂通道杂乱无章，坑坑洼洼；晴天尘土飞扬，雨天泥水四溅……"脏乱差"是原棉织十一厂的代名词。

管理混乱，考核不严，点了卯就算出了勤，不管工作做得好不好，月底报酬不会少；制度虚设，有章不循，私人关系远远超过工作关系，企业制度、厂部决策、考核办法往往被个人感情所代替；正气难树，邪气盛行，员工抵触情绪严重，排外势力强大……"懒散"是原棉织十一厂的真实写照。

生产瘫痪，机器设备带病运行；产品积压，经营管理十分混乱；亏损严重，净资产为负610万元……资不抵债使原棉织十一厂到了倒闭的边缘。

今天，我们重提十年前的那番情景，为的是让每一位"布厂人"铭记加盟惟越的意义，体味百废待兴的艰辛，理解企业管理的重要，明白"事在人为"的道理，共商惟越发展的大计，激发铸就辉煌的豪情！

十年中的历程

十年，是人类历史长河的一瞬间，却是我们棉织十一厂发展史上的重要转折期、黄金机遇期。亲历这十年历程的"布厂人"，见证着创业的艰辛，管理的完善，发展的实惠和变化的巨大。

十年来，员工思想大转变。从大刀阔斧地进行砸"三铁"（铁饭碗、铁交椅、铁工资）的三项制度改革，到实施"双向选择、竞争上岗、兼并带转"的重大管理举措；从开展"六讲"教育，到组织企业经典管理警句演讲、先进班组和标兵个人事迹报告、操作比武、劳动竞赛等一系列活动，干部员工的思想观念发生了重大转变。虽然我接管十一厂的第一天，轿车轮胎被戳坏，办公桌上的电话机、台灯被摔坏，但后来的多次改革，一次比一次顺利。绝大多数员工越来越能正确理解"企业好，员工才会真正好"的深刻含义。

十年来，企业面貌大改观。先后翻建了潮湿漏雨的成品库、原料库、破旧危险的浆纱间、整经间，兴建了厂区水泥通道，改建了车棚厕所，修建了食堂、会议室，新建了员工集体宿舍……如今，通道宽敞，车间整洁，宿舍美观，工作条件大为改善，生活环境温馨舒适，厂区内外焕然一新。

十年来，生产设备大改造。累计投入1140多万元，淘汰了落后的生产设备，大大减轻了员工的劳动强度，提高了生产能力。现有有梭布机472台、剑杆布机167台，对相应配套的前后织设备和检验设备也进行了更新，生产效率从当初的57%提高到88.68%，平均月产量达到150万米以上，是十年前的2.5倍，开台率从当初的60%提高到100%。

十年来，生产品种大开发。从单一的人棉"老面孔"发展到现在的辅料衬布、工业用布、装饰用布、服装面料等四大系列100多个品种，大大提高了企业的市场适应能力和市场应变能力。

十年来，企业形象大提升。从债主纷纷上门催债到客户预付定金、带款提货、一月一结；从坐等客户、烟酒开路、人情买卖到寻找市场、筛选客户、网上营销；从没有一个像样的客户到优良客户遍布各地，内外贸、委托加工、买了再卖齐头并进；从到银行贷不到一分钱到银行主动上门放贷；从净资产负610万元到净资产261万元。

现在，我们可以自豪地说，过去的十年，是改革转制、扭亏增盈的十年；是干部员工牢固树立"经营围绕市场转、生产围绕经营转、全厂围绕生产转"理念的十年；是干部员工解放思想、转变观念、理顺关系最明显的十年；是管理创新、机制创新、技术创新最显著的十年；是产品调向、质量提高、档次提升最理想的十年；是企业声誉、外部形象塑造最突出的十年；是思想教育、尊重员工、善待员工的工作做得最精细的十年；是克服纺织形势严峻、市场多变、单子难接、产品难销、竞争激烈等不利因素,掌握市场主动权最有力的十年;也是广大干部体现人生价值、经受磨炼、走向成熟的十年;更是广大员工发挥聪明才智、岗位成才、走向富裕的十年!在此,我向布厂全体干部员工表示衷心的感谢!向所有关心、支持布厂改革和发展的干部员工家属及社会各界人士致以崇高的敬意!

"风雨历程如画,激情岁月如歌。"回顾十年来走过的艰辛历程,我们深深体会到以下四点:

第一,爱岗敬业、奋发争先,是做好各项工作的根本。在日常工作中,绝大多数员工不计较个人得失,时时刻刻为企业着想,事事处处想到自己的职责,始终不忘自己是企业的主人。1998年12月,厂保全平车工在每天完成本职工作任务的基础上加班加点,仅用一周时间就完成了30台75"布机的安装任务;在"苦干九十天,实现开全台"期间,克服人员紧缺、品种繁多等困难,提前两天将312台布机铺满织轴;高温季节,前织保全保养工45天不休息,安装浆纱机、整经机;布机保全保养人员克服农忙、家务事多等困难,突击安装剑杆布机;布机挡车工利用工余时间练粘接、练开车、过稀密路关,坏布不处理好不下班;修布工从单一平台修布、只修复大疵点到平台、手拉看布车、下灯光修布都适应,大小疵点全修清,长年累月不休息,售后服务无怨言……这些都充分体现了干部员工"与企业同呼吸、共命运"的高尚情操,也是企业"重整旗鼓、持续发展"的动力源泉。

第二,不畏艰难、敢于创新,是企业快速发展的核心。十年之初百废待兴,多次改革、各项管理阻力重重,设备改造、开发新品难度巨大,正是全体干部员工凭着不畏艰难的勇气、敢于创新的魄力,才冲破了一道道难关,破解了一道道难题,使每一项工作进展顺利,每一项任务圆满完成。尤为重要的是,我们在生产管理上的一次次创新,使生产水平不断提高、生产管理不断完善、生产品种不断增多、生产质量不断攀升、生产面貌不断改观。我们在营销机制上的一次次创新,使原来一个经营部门变为三个营销机构,由过去"主管说了算、其余围着转"变成了"营销有个谱、个个能做主";变过去"接单、卖布简单化"为现在"接单、买纱、跟单、卖布、收款、售后服务一体化";我们在考核办法上的一次次创新,使过去落后、单一、呆板的管理逐渐转变为规范、多元、灵活的管理,使"以人为本"的人性化管理理念日益得到渗透和体现，从而激发了干部员工的积极性、主动性和创造性，凝聚成为发展企业、建功立业的强大力量。

第三，同心同德、团结协作，是企业不断壮大的关键。近十年的历程，是一首干部员工同心同德、干事创业的协奏曲。无论是正常工作，还是突击活动；无论是开展"说好每一句话、说准每一句话、正确理解每一句话"的教育活动，还是开展"与领导说心里话、为企业建言献策"的活动，业主与员工、干部与干部、干部与员工、员工与员工之间营造了相互尊重、心心相印、政令畅通、一呼百应的和谐氛围。近十年的历程，也是纱布厂之间无私援助、紧密合作的大合唱。十年之初，为了帮助布厂渡过难关，原纱厂高级顾问、经营厂长将大部分时间和精力花在十一厂。没有钱，到纱厂拿；没有纱，到纱厂拖；没有茶杯、椅子、会议桌，由纱厂送。外部费用全部由纱厂支，最多时纱厂为十一厂垫资1600多万元。正是这种"风雨同舟、患难与共"的大协作精神，为原十一厂初期摆脱困境、走上正轨起到雪中送炭的作用。

第四，分清是非、一事一议，是企业健康发展的保证。分清是非、扶正压邪，是企业管理的法宝。十年来，不管是用人还是管人，不管是表扬还是批评，不管是奖励还是处罚，都充分体现了"分清是非、一事一议、怎样做对企业管理最有利就怎样做"的原则。绝大多数干部员工能够做到通情达理、深明大义、顾全大局。特别是那些被降职降薪、挨批受罚的同志，绝大多数能够正确认识、积极支持，即使当时有情绪，最终还是能理解、不埋怨，为严格管理消除了思想障碍，创造了良好氛围。

抚今追昔，我们感慨万千。这十年，布厂每前进一步、每取得一点成绩，都凝聚着广大管理者、生产者和技术人才的心血和汗水，都倾注着招聘人才的智慧和辛劳，都佐证着"办法总比困难多，再难也难不倒'布厂人'"的事实，都体现着惟越纱、线、布三个厂的大多数干部员工"一切顾全公司大局、一切为了惟越发展"的宽广胸怀，都展示了布厂干部员工"工作第一、守职尽责、说干就干、干就干好"的精神风貌！

十年后的蓝图

前十年的成绩令人欣慰，后十年的蓝图催人奋进。站在新的起跑线上，展望未来，我们豪情满怀、信心百倍。今后十年布厂的奋斗目标是"八化"，即：

厂容优美化。车间内外、机台上下干净卫生，整洁明亮；办公场所、宿舍区域设置盆景，赏心悦目；公共场地、厂区四周见缝插绿，夜如白昼。

厂风纯洁化。讲诚信、讲荣辱、讲大局、讲团结、讲纪律、讲业绩，人人文明工作，个个和睦相处。

布机无梭化。有梭布机全部淘汰，筹集资金、广泛调研、慎重决策，引进和购买新型喷气布机80台，力争实现120台，全面提升装备水平和全员劳动生产率。

产品高档化。服装面料做成纺织市场上的名品，服装衬布做成客户心目中的精品。

管理科学化。做到管理理念先进、管理机制灵活、管理制度严密、管理程序规范、管理方法恰当、管理考评到位、管理效果最佳。

员工技术化。干部员工努力学知识、钻业务、用技术、比实绩，实现"专一、会二、懂三"的目标，以适应现代化生产的需要，满足自动化操作的需求，达到减轻劳动强度、提高工作质量和工作效率的目的。

利益最大化。企业经济效益和员工人均收入达到本地区同性质、同类型企业的一流水平。

干群亲情化。进一步做到"干部心里时刻装着员工，员工心里时刻装着企业"，致力开创"惟越大家庭，干群一家人"的崭新局面。

要实现上述目标，我们必须一如既往地做好以下六项工作：

一是进一步帮助干部员工确立"胸怀惟越、着眼长远、真诚合作、实现双赢"的思想，更好地引导和鼓励大家做主人、当"业主"。

二是进一步做好招好人、用好人、留好人的工作，真正使干部员工身在惟越工作、志在惟越成才、能在惟越致富、愿在惟越扎根；真正建设好与市场竞争相适应、与企业发展共命运的干部队伍和员工队伍。

三是进一步抓好生产与营销工作，每一个生产人员要树立"只有接不到的单子，没有完不成的任务""谁生产了不合格的产品，谁就是不合格的员工"的思想，为"满足客户、适应市场"做好自己的本职工作；每一个营销人员要牢固确立"没有卖不出去的产品，只有卖不出产品的人"的经营理念，真正在接大单、接长单、接好单、买好纱上体现才华，在"跟好单、卖好价、销好货、收好款、委托加工、买了再卖"上展示风采，力争五年内销售收入翻一番。

四是进一步抓好科学管理工作，管理者要处处以身作则，事事要有周密的工作计划，每月、每周、每天、每一项工作都要有精细安排。做任何工作都要有超前意识，管理时要有一丝不苟、和风细雨的态度，不要轻易责怪员工，要给员工说话机会。做到时时刻刻尊重员工、提醒员工、引导员工，要有动之以情、晓之以理、施之以爱、一事一议的工作方法。被管理者要正确对待管理、理解管理、接受管理、支持管理，不能等管理者批评处理后才认识到自己的不足。

五是进一步抓好基础管理工作，关注细节、重视过程、讲究效果。每一个部门、每一个班组、每一个当事人和相关责任人要确保原始资料及原始数据及时、准确、完整，严禁造假、涂改、不记载，随时随地经得起各级领导的抽查。

六是进一步抓好技术培训、班组建设、质量管理、生产调度、节能降耗、防火安全、治安保卫等工作，特别是在近三年内，所有产品都要严格执行国际标准（美国四分制），生产效率要达到95%。

各位同事，美好的蓝图要靠每一位干部员工的勤劳双手和聪明才智来绘就，优厚的待遇要靠每一位干部员工爱岗敬业、认真工作的行动来创造。让我们高举"科学管理"和"与时俱进"两面大旗，为惟越更快更好地发展而齐心协力、攻坚克难、岗位奉献！

信守承诺不高就

1997年初，乡党委S书记多次找我谈话，要调我去乡政府任分管工业的副乡长，这是人们非常羡慕的岗位，但我考虑再三还是没有去。

当时，没有人能理解我，认为副乡长是国家干部，乡政府的工作是"金饭碗"，有职有权、收入稳定；乡办企业的工作是"泥饭碗"，有工做工、无工务农，虽是厂长，说到底还是农民。

然而我不能只顾自己，忘记对招聘人才的承诺，不能不顾纱厂和十一厂的正常运行而去乡政府当官。因为招聘来厂工作的几个人，他们在应聘前都问过我一句话："我来了，今后你被调走了，我怎么办？"我都坚定地回答过："不可能！我一定与你干到退休。"我不能食言。

如果到乡政府工作，纱厂和十一厂的发展必然会受到一定影响，不是说我有什么本事，而是企业的组织体系、人际关系非常脆弱，所以熟悉企业情况，打好群众基础、处好业务关系，对一个企业业主来说非常重要。我向乡党委多次陈述后，S书记对我说："志凌，经党委研究决定尊重你的选择，拟任你为乡党委委员、乡长助理，乡里的大事请你来一起商议。"我说："好的，我一定尽力。"

就这样，我留在了企业。过了一段时间，我被破格录用为国家干部后，仍一直在企业工作。

自谋外贸"通关"权

1997年前后,国家鼓励、支持具有一定规模的企业从事进出口业务。做进出口业务,除对企业生产规模、产品档次、质量和注册资金等方面有要求外,还必须经过各级政府职能部门层层审核批准。乡办企业要做"洋生意"不容易,不做"洋生意"很难生存下去,但要获取外贸通关权——"进出口经营权"许可证更不容易。

当时有人答应帮我们申领"进出口经营权"许可证,条件是支付20万元佣金和所有相关费用。求人不如求己,与其花大代价请别人办还不如自己想办法直接办。

首先,对照申领条件,我对企业内部逐一进行整改、完善、进档升级;然后,我向市外经委、海关、税务、工商等部门咨询,对照要求准备相关材料,再报市外经委、省外经委及国家相关部门进行审批。最后花了点差旅费就领到了"进出口经营权"许可证,

在领证过程中,我们企业相关人员学到了相关外贸知识和业务技巧,使企业产品销售很快走向了国际市场,从而拓宽了企业的发展空间。

秉持操守不受贿

当了企业法定代表人后，厂内厂外请我办事的人多了，送礼的人自然也多了。我想厂长的权力是上级党组织和企业职工给的，只能用来为职工谋福利、为企业谋发展，在不违反党性原则、法律法规，不影响企业利益的前提下，为周围的人办点事是可以的，但绝对不能收礼受贿。

1989年4月的一天晚上，一个织厂的老板，为了到我厂多买政府管控的纯棉纱（每吨纱计划价比市场价便宜2000元左右），到我家来送礼，我坚决拒收。他走时把装有5000元的信封扔到我家衣橱顶上，当我把信封取下来时他已离开。随后我联系他，请他在第二天上午10时前必须到我办公室把钱拿走，否则我就上缴到乡党委，并告诉他关于买纱的事，他可以到市纺工局计划科办好手续后联系我，我会及时安排。

1992年9月的一天下午，我厂的一名副厂长把我叫到隔壁的会议室说："你上次供应我朋友几吨纱，他为了表示谢意，拿来3000元请我转交给你。"我说："你朋友凭计划来提纱，这是我应该做的，你把钱退回去。"这名副厂长说："你经常外出为厂办事，开销大，就算贴补贴补。"我说这完全是两个概念，坚决不能收。他用右手抓住我的右手臂，将钱塞到我的右裤袋，我猛一转身，裤袋被拉坏了，我还是拒收了。

1996年11月，本厂一名干部突然塞给我一只沉甸甸的大号金戒指。我严肃地说："你应该知道我是喜欢努力工作的人，而不是喜欢送礼的人，今后只要你好好工作，我绝对会对你多指点多帮助。"他说："现在很多厂长戴手表、戴戒指，你不戴手表又没戒指，这金戒指只能聊表我的心意，你就收下吧。"我坚决没有收。

类似的事不知发生过多少次，不管送礼的人用什么办法、送什么礼品、说多少花言巧语，不管我怎么缺钱，礼品礼金是坚决不收的。不属于自己的钱和物绝对不能拿，职业操守必须坚持！

想方设法破"两难"

在大兴"干部下基层蹲点,帮助基层解决实际困难"之风的背景下,有些企业的厂长就借机利用政府领导的名望和他们"为基层办实事"的心理,经常请政府领导出面打招呼,为自己的生意谋利。在这种情况下,如果给领导面子,被打招呼的企业就容易上当吃亏;如果不给领导面子,则容易得罪领导,影响个人和企业发展。为了预防这些情况的发生,只有事前想好预案、事中妥善处理、事后设法完善。

在大力发展地方经济、倡导政府部门办实体的热潮中,区政协下属企业——某煤炭供应公司,曾向我厂推销了三次煤炭。该公司相关业务人员过去没有做过这方面的贸易,相对而言,出售的煤炭价格比较高、质量不够好、重量有时也不足。当他们第四次向我推销时,我与该公司业务经理说,上次买的煤还没有用完,加之企业目前资金短缺,过一段时间再与你联系。一天晚上,我到区政协有关领导家汇报工作,他问我他们下属公司供应的煤炭怎么样,我顺便介绍了一些情况,并说我厂的锅炉比较陈旧,不太适合用某公司供应的煤。这位领导真诚地同我说,不适合用就算了。

1994年11月的一天下午,一名副区长找我,想请我厂为其挂钩联系的企业担保30万元。我想一家企业为30万元贷款还找区领导出面,一是说明这家企业的厂长领导能力不行,二是说明这家企业经营信誉不好,三是说明这家企业到期还贷可能有困难。这名副区长来后,我向他汇报了企业的相关情况,晚上留他吃饭。他问我担保的事,我说你知道的,厂里大一点的事都要提交厂务会讨论,明天一上班我们就召开厂务会,专题讨论担保的事。第二天上午9时前我打电话告诉他,除我之外,其余4名副厂级干部一致不同意为外单位担保,我实在没办法。那位副区长理解地说:"我懂了,不让你为难。"

1997年4月的一天下午，乡党委S书记打电话同我说，一家国营企业的L厂长找了他，请他找家企业为其担保30万元，他实在无法回绝，因为过去L厂长帮了乡里不少忙。我说："你回不了，我来回，你叫他来找我。"过了一会儿，L厂长来到我办公室。我把S书记说的一番话告诉了他，他听了非常开心。我和L厂长说："凭你和我的关系，我能帮的忙也会帮的。听说你们厂将要关门，如果为你厂担保了，我厂势必要为你厂买单，你在我厂工作的家人和亲戚也会受影响。你仅仅是某企业的副厂长，你找了S书记和我，也算尽责了。你是我本乡人，肯定不愿意做对不起家乡人的事，再说在你之前，至少有7位乡级以上的领导和一些有名望的企业老板，找我为有关单位担保，我们厂务会都没有通过。我看担保的事就免了，晚上我请你喝酒。"

在推进农村城市化建设中，政府融资的任务越来越重。2012年5月的一个星期天上午，区政府办公室的一名秘书打电话通知我，说V区长下午要来我司。当天下午V区长和区财政局负责人、某支行的行长来到我司。V区长说："区政府要贷3000万元，某行长说只信任你们惟越担保，所以我们只有来找你帮忙。"我说："非常感谢区领导和某行长对我司的信任。目前我司负债比较多，在5家银行贷款，也搞了许多融资，银行对我们的贷款额度控制得比较严，我们为别的单位担保，也算在我们企业贷款额度内。"某行长说："我们银行不可能控制你司的贷款额度，V区长和财政局负责人也说没问题，如有这个情况，我们区政府可以出面为你司协调解决。"我考虑到企业利益，对他们说："担保可以，你们区政府按照常规也应为我司做个反担保。你们工作比较忙，反担保合同我来起草，一旦我司发工资、缴电费、缴税、买生产原料缺钱，你们就及时帮助我司协调解决资金问题。"第二天，反担保合同草稿给了V区长后，他们再也没有要求我司为其担保。

区委鼓励我当"红色资本家"

1998年5月2日上午，区委书记和乡党委书记来厂找我谈话。区委书记一进接待室的门就风趣地说："陈志凌，今天我们来，是鼓励你当'红色资本家'的。"

当两位书记落座后，我直率地同他们说了五点。一、如果企业不改制，我一定会像改制的企业那样做。二、如果企业不改制，我还可以放开手脚抓管理，干部员工只好说我是履职尽责，其他不好说什么。三、如果企业改制了，我不抓管理，企业肯定搞不好；如果我抓管理，干部员工可能会认为，我是为了自己发财，把他们抓死了。四、如果企业改制了，风险责任全在我一个人身上，赚了钱我用不了，亏了本我赔不了，搞不好我走不了。五、如果企业改制了，我做到70岁还不得退下来休息，因为女儿不愿意接我的班，她想自己创业。再说像我们这些小型纺织企业会越来越难，将来不会有人愿意接我的班。区委书记说："你不要担心，企业改制后，大多数干部员工会理解你的，党委政府也会支持你的，你一定要在全区企业改制中带个好头、放个好样。"后来区委、区政府，乡党委、政府又做了我两年多的工作。

2000年6月30日，时任乡长拿着他已签字、盖有原闸西乡农村集体资产管理委员会公章的我司《财产出售合同》，要求我签字。他说："你有什么意见过后再说，区委要求我们今天一定要做好你的工作，你今天必须在《财产出售合同》上签字。"就这样，我在承担棉织十一厂所有负债后，用贷款向乡政府买下企业所有净资产。

企业改制后，我承担了企业所有负债，并每月向乡政府上缴土地、变压器、自来水设施租赁费6万元，负责安排好在职工人。另外，我主动承担支付没有能参加社保的300多名退休工人每月的生活补助费、困难补助和医药费报销，每年春节前给他们每人发放350元慰问金。我没有按照原闸西乡党委1998年14号文件执行，没有与他们实行有一年工龄补贴 59.5 元的工龄买断、与企业彻底脱钩的办法。

因为《财产出售合同》中所涉土地及供水、电设施的使用之权利、义务不明确，加之有些事情根本没有约定，企业承受的额外负担比较重，所以在 2012 年 5 月 24 日，政府又与我签订了企业改制的《补充协议书》，这才完善了企业改制合同。

顺势而为建新厂

随着中国加入世贸组织,国内纺织行业蓬勃发展,纺织市场的竞争也由国内转向了国际。生产规模小、产品档次低的企业,根本无法参与市场竞争,加之我们企业内部连续十几年的设备改造,企业的富余人员不断增加。面对如此状况,将企业做大做强才是唯一出路。

2002年5月初,鉴于原有纱、布厂根本没有发展空间的现状,通过市场调研、充分听取意见、反复酝酿后,我们决定创办一个新厂。

建厂涉及立项、可行性报告、批文、资金、选址、征地、购买设备、通电、通水等一系列问题。每办一件事都要走许多流程、办大量手续。在市、区、乡各级党委、政府的大力支持下,在社会各界的关心帮助下,全公司干部员工奋发努力,克服种种困难,2003年4月20日新厂建成。

新厂坐落于原204国道(后改为城港路)华能路口西侧,占地48.26亩,建筑面积近2万平方米,拥有RFRS10型转杯纺纱机5台、RFRS20型包芯转杯纺纱机5台、倍捻机42台,是当时苏北倍捻机最多的厂家。

新厂投产后,不但使公司生产规模扩大了80%以上,而且大大提升了企业参与市场竞争的适应能力和社会影响力,安排了企业原有的富余人员,提高了全员劳动生产率,降低了全公司运行成本,为"惟越"跨越发展打下了坚实的基础。

竭力融资促发展

改革开放之初，资金短缺是乡办企业的主要难题。要确保乡办企业生存、发展，筹集资金是企业法定代表人的头等大事。企业要征地、建厂房、购买设备、技术升级、在纺织原料涨价前购买大批原料等等都需要钱。为筹到钱，我几乎绞尽脑汁、费尽心机。主要采取了以下融资办法。

向多家银行贷款。起初只能从农村信用社贷款（利息比国有银行高20%左右），到其他银行几乎贷不到钱。后来通过强化企业内部管理、扩大生产规模，提升企业知名度，通过方方面面的关系（请市某些大公司等单位担保），先后成功地从4家国有银行和3家商业银行贷款。一家银行放贷额度从30万元增加到3000万元。

向外地金融机构借款。在纺织原料涨价前，为了多买纺织原料，我们想方设法到外地一些金融机构借款，最少的一笔100万元，最多的一笔300万元。

向职工及亲友借钱。公司设立了"职工互惠金"，规定"存款自愿、取款自由"，今天存在公司的钱，明天要用可以取，利息照算。这不仅给职工增加了收入，还解决了企业燃眉之急。

向政府机关借钱。从乡财政、区财政、市财政借钱，还借助扶持政策，连续9年到省财政厅借钱，有时还通过区税务分局、市税务局的关系借钱。

向协作单位融资。尽量欠一点原材料款、设备款、机物料款、工程款，尽量说服客户预付货款等等。必要时给对方相应的利息、业务合作中多让点利，实现共赢。

"四句话"得到省总工会主席赞赏

2004年4月的一天，时任省人大常委会副主任、省总工会主席来我司进行"行政与工会如何处理好关系"的专题调研。

我想领导工作繁忙、时间宝贵，我的汇报内容不宜过长过细，但也不能过于简单。当时我讲了体会最深的"四句话"：行政研究工作时，工会是最理想的参谋者；执行行政决议时，工会是最得力的支持者；行政工作繁忙时，工会是最可信的分担者；行政领导烦恼时，工会是最亲切的安慰者。话音刚落，省总工会主席连忙站起来隔着会议桌与我握手。她非常动情地说："你对我们工会工作有如此高的评价，我是第一次听到。虽然我过去在徐州市委宣传部工作过五六年，在省总工会工作了十几年，但是从来没有听到一个企业老总对单位工会工作有如此高的评价。"调研结束后，主席邀请我到公司大门口与她合影留念。

过了两个多月，主席又安排省总工会办公室主任专程来我公司，邀请我参加省总工会等三个部门联合举办的"江苏省民营经济论坛"。之后又安排我在大会上作专题交流发言。我撰写的《实践以人为本的科学发展观 争做开明务实的民营企业家》一文，被专家教授评审组评定为一等奖，省总工会给我颁发了荣誉证书及2000元奖金，市总工会还奖励我1000元，我真是倍受鼓舞，决心今后一定要更好地支持工会工作。

当年年底，我司被评为"省模范职工之家"。过了不到两年，我司被评为"全国模范职工之家"。

附:

实践以人为本的科学发展观　　争做开明务实的民营企业家

在我近20年的企业管理生涯中,既有长期担任乡镇集体企业厂长的经历,又有近几年通过改制成为民营企业业主的实践。对此,我深切地体会到,实践科学发展观的本质和核心,就是坚持以人为本。企业的"企",从人开始,到人为止。无论是集体企业,还是民营企业,员工是真正的主人。企业要生存要发展,关键是在"人"上做好文章,全心全意依靠员工,真心实意对待员工,一心一意为了员工。只有这样,才能唤起和激发员工当家做主的热情,才能凸现员工在实现"两个率先"中的地位和作用。

一、深化改革,善待员工,增强原动力

企业改革最大的难题是人的问题,是对每个人切身利益的大调整。如果只是简单地采取裁减员工、降低工资的做法,就会造成一部分员工失去劳动岗位、降低生活水平。我一直认为企业改革的目的就是让全体员工受益,绝不能以牺牲员工的利益为代价。如果颠倒了,这个改革就失去了意义,也不可能成功。搞改革必须善待员工,尊重员工的劳动权和生存权,这是每一个有良知的企业家应该坚守的。一位区领导曾对我们做出这样的评价:"惟越集团进行了多次改革直至改制,不是把员工推向社会,而是通过技术改造和扩大规模来精心安排富余员工,员工的收入稳中有升,产品质量和档次不断提高,公司上下心齐气顺,企业不断壮大,这样的改革才是真正成功的改革。"

企业改制4年多来,我们为员工做了这样几件事:一是为全体员工先后加了3次工资,比改制前提高了26.57%,不管资金怎么困难,一直坚持月月按时发放工资。二是每年还为员工们支付医药费30余万元,支付独生子女费、幼托费6万多元。三是积极主动为全体员工办理农保转社保的手续,虽然每年企业要比以前多支付140多万元,但是解决了干部员工的后顾之忧。新退休的员工每月拿到500多元的养老金,他们联名写感谢信贴在公司大门口感谢我,几乎个个到我面前道谢，有的甚至向全公司员工发糖。他们高兴地说："我们祖祖辈辈在农村，同我们年纪差不多的人在其他乡村企业退休后几乎一分钱拿不到。我们现在每月还能同国营企业退休工人一样拿养老金，我们真是睡着了都要笑醒了，感谢企业、感谢老板为我们做了桩大好事。"四是对过去没有好参加社保而退休回村的人员，每月发放生活补贴费，每年春节前为每个退休回村人员补贴350元，特殊困难另行补助。五是先后为患病、特困员工组织募捐4.3万多元，支付困难补助5万元以上。特困户小陈住在上漏下湿的危房里，公司花了1.7万多元为他新建了三间平瓦房。六是对外来员工实行亲情化管理，免费为他们提供住宿、伙食（餐餐菜谱不同）和部分日用品，让他们感觉住在公司里就像住在旅馆里，比家里还好。外来妹小石患病需要吃中药，公司安排专人为她熬药，服侍时间长达2个多月。外来员工结婚，公司免费为他们提供"新房"，免费为他们在厂内办喜酒。青年职工小张结婚那天，我特意把自己的奥迪车让出来，安排司机开到苏北阜宁去接新娘，还包了一个红包表示心意。外来员工春节回家，公司包客车免费接送。春节后这些外地工人不但100%回厂，而且把自己的兄弟姐妹、亲戚朋友、邻居、同学也带来了。我们曾多次组织以分厂党支部书记、工会主席、生产厂长为首的管理干部，专程到外来打工人员比较集中的阜宁、徐州、萧县等地上门慰问、开家长会，介绍他们子女在公司工作、学习、生活、经济收入等情况，通报公司的生产、经营数据和发展前景，有时还宴请家长并向他们赠送礼物。家长们感激地说："企业领导亲自上门来看望慰问我们打工子女的家长，是从来没有听说过的事，孩子在这样的企业里工作，我们一百个放心。"今年"五一"前夕，公司又拿出近4000元，专门为外来员工居住的3个集体宿舍安装了3台数字电视，电视节目频道从30多个增加到60多个，大大丰富了他们的业余文化生活。一些边远地区的打工者激动地说，长期在外打工，时常思念家乡、牵挂家人，现在从数字电视里也能看到家乡的电视节目，感到格外亲切，公司为我们想得太周到了。

二、创新机制，依靠员工，增强竞争力

企业改革一个重要的方面是机制创新，我们的主要做法如下：

首先，公司通过职代会集思广益、统一思想，一致通过了人事、机构、分

配三项制度改革方案,并得到区、乡领导的大力支持。将原来的八科两室并成三个部,精简管理人员21名,清退借、留用人员29名。用工制度和分配制度也进行了相应的完善,档案工资制全部改成了岗位工资制。实行"兼、并、带、转",把精减出来的人员工资奖金一部分直接加到工作量增加的员工身上,少则几十元、多则三四百元,另一部分按照岗位系数加到全体员工身上,这样大大激发了他们当家做主、爱岗敬业的热情,并化作为企业出谋划策、建功立业的强大动力。通过改革,动摇了长期束缚、阻碍企业发展的旧习惯势力,冲破了长期制约企业发展的错综复杂的裙带关系,淡化了干部中"铁交椅、找靠山、不务实、拉关系"的思想意识,更新了员工中"铁工资、铁饭碗、工龄长就是资格、吵得凶就是本事"的观念,引导了员工正确面对严峻形势,增强了员工们的危机意识和做好本职工作的自觉性。通过改革,企业的关系理顺了,风气好转了,活力增强了,整体素质提高了。

其次,推行了管理人员自选岗位、竞争上岗的改革办法。在对岗位"明码标价"(对每个岗位的工作内容、工作要求、工资标准、享受待遇等予以公开)的基础上,实行干部竞争上岗。多人同时竞争一个岗位时,由职工代表采用无记名投票方式选举确定,当场公布录用名单。先后有30多名干部落选,当了工人,平时以身作则、管理规范的干部无一落选。对号称"兵头将尾"的生产组长一级,也实行竞争上岗,一年一次。通过一系列改革,员工的思想观念确实发生了深刻的变化,真正收到了"人人想做事、人人想多做事、人人想把事做好"的效果。

再次,改善了管人的办法,调动了员工的积极性。现在企业的员工,一般都有文化、有见识、自尊心强、就业门路多,加上人员流动机制相当灵活,劳动力竞争日趋激烈,如果一味地强调管理,甚至搞"管、卡、压",是管不好、行不通的。所谓改善管人的办法,就是在坚持原则、分清是非的前提下,从过去过严过细的管理中摆脱出来,适当降低管理的强度,适当增加考核的弹性,从而变死板的机械管理为人性化管理,改变员工的雇佣观念,增强员工的主人意识。有一时期,一部分员工认为企业管理太严,扣分太多。针对这些意见,公司进行了调查研究分析,在管理方法上做了重大调整。一是调整考核内容,以产品质量、安全生产、工作实绩为主,其余为辅;二是调整扣分标准,涉及产品质量、安全生产的坚持重扣,如遇特殊情况迟到早退、清洁卫生做得不好等少扣或不扣；三是调整结算方法，过去以 100 分为结算基准分，每扣 1 分，就要影响员工当月的工资和奖金。从 2003 年 1 月份起，根据不同工种、不同岗位制订不同的结算基准分。这样做效果很好，干部员工之间的抵触情绪大为减少，心理距离拉近了，怨气变少了，管理工作比以前更好做了，生产现场管理持续改善。

三、民主治厂，尊重员工，增强凝聚力

现代企业管理的核心就是人的问题。要发挥员工的主人翁作用，必须充分调动每个员工的主动性、积极性、创造性，最大限度地增强企业内部的凝聚力和向心力。尊重员工的民主政治权利，在民营企业显得尤为重要。无论是改制之前还是改制之后，我始终把自己置身于全体员工之中，注重民主管理、员工参与，真正把每个员工都当作企业这个大家庭的成员，尊重员工的主人翁地位。我常说，搞垮一个企业一个人足够了，要搞好一个企业一个人是远远不够的。

第一，尊重员工地位，实行民主决策。改制后，凡是涉及企业发展全局的重大问题，我一直坚持提交职代会讨论通过。特别是技术改造、扩大规模方面的问题，我更慎重了，因为投下去的每一分钱都与工人有密切关系，所以比过去更注重广泛征求各方面意见，更不敢一个人打包票、下结论。公司先后投入 8700 多万元进行的滚动式技改，都是通过民主决策实施的。

第二，推行厂务公开，实行民主理财。我认为，厂务公开是尊重员工知情权的重要体现，是企业民主管理特别是民主理财的一种好形式。从 1995 年至今，公司一直坚持实施厂务公开，按规定将 24 项内容分年度、季度、月度公开，对员工普遍关注的热点问题，如原料采购价格、产品销售价格、非生产性开支，以及员工中有疑问、有猜测的事情及时进行公布。我们在公司大门口设置了厂务公开栏，并配有意见箱，定期定人收集和处理员工意见与建议。

搞好内部分配，是实行民主理财的重要内容，也是调动员工积极性的关键。我根据员工多年的建议和意见，归纳整理了十条内部分配的原则，通过职代会决议和厂务公开等形式，向全体员工公布，得到了大家的理解和支持，因此内部分配工作一直比较顺利，尽管员工之间年收入相差几百元、几千元，甚至几万元，但是绝大多数员工还是满意的。

第三，通过各种例会，员工参与管理。例会制度，是上情下达、下情上传的途径，是领导征求员工意见的途径，是领导决策不断完善的途径，也是宣传教育、贯彻决策的途径。所以说，开好各种例会，是让员工参与民主管理的重要手段。

我体会到，员工参与民主管理的一个重要方面，就是要让员工的意见有人倾听，合理化建议有人采纳。说到底就是要把员工的话当话，让员工的话算数，这样才能充分调动和提高员工参与民主管理的热情。在日常行政管理中，公司实施了各个层次、各个方面的例会制度，如每月一次的党员及群团组织的例会、厂情发布会，每月一次的班组长会、分班召开的职工会，每月一次的中层以上管理人员例会，等等。每个例会，主持人都要带着问题下去，带着意见上来。对于员工意见，凡是真实的都给予重视，凡是合理的都给予采纳，一时解决不了的都要给员工做出明确的答复，使员工感到，老板倾听员工意见是诚心的，让员工参与民主管理是真心的，使员工心中也增添了一种责任感和荣誉感。

第四，搞好干部测评，实行民主监督。我认为，员工主人翁意识的重要体现在于行使民主权利，而行使民主权利的一个重要体现又在于行使监督权利。管理者与被管理者之间的关系不应成为"主"与"仆"的关系，我要求管理者既要从严做好管理工作，又要能与被管理者打成一片，提高管理水平和领导艺术。每年年底，在每个管理人员自我小结、相互交流的基础上，公司设计了一份《管理人员测评表》。表中设置了以身作则、工作能力、业务技术、工作实绩、处理问题、对员工意见和建议的态度等10项内容，每项内容分好、中、差三个档次，组织员工代表进行测评，其结果张榜公布，并与管理人员年终奖励、职务升降、岗位转换等密切挂钩。通过民主测评，使工作负责的忠实管理者得到绝大多数员工的认可，使专做"老好人"、不负责任的管理者没有市场。

四、沟通思想，启发员工，增强亲和力

企业思想政治工作，说到底就是要把握好每一个员工的思想脉搏，把员工的精力凝聚起来，把员工的积极性调动起来，把员工的创造力激发出来，共同实现企业的发展目标。面对新形势，我深深地感到，要使企业思想政治工作具有活力、富有成效，再也不能沿用陈旧的内容、落后的手段、简单的方法，而

必须伴随时代发展的节奏，坚持以人为本的原则，紧扣企业发展的主题，创造性地开展思想政治工作，致力实现以下三个转变。

一是变"管员工"为"想员工"。要让员工想企业，企业首先要想员工。我要求每个管理人员在实际工作中做到"五多"与"五心"，即"多引导、多走访、多倾听、多谈心、多鼓励"和"热心、耐心、细心、关心、爱心"，使思想政治工作成为互动性、人性化的工作。

二是变单纯激励为多重激励。做好思想政治工作当然少不了物质和荣誉的激励，但是单纯依靠物质奖励或者荣誉激励是不够的。当你尊重他、关心他，他会有一种满足感。当他的某个建议被采纳，一项技术革新被推广，他就会有一种自豪感，就会有一种自我价值得到实现的成就感，这往往比给他奖金和荣誉称号更有激励作用。

三是变"雇佣思想"为"主人意识"。企业改制后，在一部分员工中产生了"雇佣思想"，认为过去是为集体创效益，现在是为私人赚大钱，再卖力还是替老板打工，因而员工的主动性和创造力受到压抑，员工的主人翁意识有所削弱。我认为，虽然企业的产权体制变了，经营者的身份变了，但是尊重员工主人翁地位的态度不能变，维护员工合法权益的整套行之有效的做法不能变，实行民主管理、依靠员工办企业这个传统做法不能丢。否则企业就没有凝聚力，经营者就没有号召力，企业也就没有竞争力。因此，唤起员工的"主人意识"，是改制企业思想政治工作的基本点。

为了让思想政治工作紧扣人心、紧贴人心、深入人心，我们认真开展了"讲学习、讲诚信、讲纪律、讲团结、讲本领、讲贡献"的"六讲"活动，并借鉴有关资料，编写了《做人处世注意要点》供员工们学习运用。其内容是：待人诚一点，嘴巴甜一点，业务钻一点，行动快一点，做事多一点，理由少一点，气量大一点，脾气小一点，说话轻一点，微笑露一点。

2003年下半年，我根据管理过程中干部员工的口头语，借鉴了有关资料，编印了《企业经典管理警句汇编》、发给每一位干部员工，并以科室、车间班组为单位组织诠释竞赛。公司在职员工个个参加，场面异常热烈，气氛特别活跃。在班组竞赛的基础上，选拔人员参加以分厂为单位举办诠释演讲比赛。这些活动真正把全体员工都发动起来了，有的请爱人和老师指导，有的请亲戚朋友、邻居、同事帮忙，有的干脆全家人坐下来一起讨论，许多人写得生动精彩。纱厂挡车工小刘说："《企业经典管理警句汇编》中讲到'企业好，员工才会真正好；质量好，企业才会长久好'，这句话确实讲得太精辟、太深刻了，它把企业、员工、质量之间的内在联系、因果关系作了高度概括。要使企业长久地好下去，我们员工工作一点也不能马虎，必须钻研业务，精心操作，确保产品质量，确保用户满意。"布厂原前织一名保全工，他对《企业经典管理警句汇编》中的"今天工作不努力，明天努力找工作"这句话是这样解释的："前两次竞岗落聘，对我打击很大，教育更深，这段经历使我终身难忘。泪水和汗水都是湿的和咸的，但是获得的结果截然不同，泪水给人带来的是痛苦，而汗水给人带来的是进步。"这位47岁的保全工把年轻人当师傅，不耻下问，虽然学习很吃力，但他肯下功夫，终于在两个月后能独立顶岗了。

通过《企业经典管理警句汇编》诠释竞赛，绝大多数干部员工对企业管理的理念理解得更深刻、更全面。干部做大报告、讲大道理，有些人不一定喜欢听，也不一定听得进，现在工人说给工人听，他们不但听得进，而且容易记得住。

最近，公司又向生产组长以上的每一个管理人员提出要求，即学会说好每一句话，说准每一句话，对员工要多说友好的话、鼓励的话、启发的话、协商的话，尽量少说批评的话、反问的话，不说指责的话、伤害人格的话、把工人气走的话，确保员工上班有个好心情、好氛围，同时把人际关系调节到最佳状态，努力建设新型的、友好的劳资关系，把人性化管理提高到一个新水平。

五、率先垂范，感召员工，增强说服力

"己不正，何以正人"。要想受人尊敬，光靠成天虎着脸、端着架子是不行的。公司是个由4家企业组成的集团公司，如何把员工们带好、管好、用好，我不靠自己的职务、威严和独断专行来换取员工的敬畏，而是靠自己的厚道、正派和表率作用来赢得员工的尊敬，形成一呼百应的感召力。

这些年来，我一直给自己为人做事立下这样的规矩：正（为人正派）、诚（待人诚恳）、实（做事实在）、钻（业务钻研），力求依靠传统的个人道德力量作为支撑企业运转、履行社会责任的主要手段，争做一名广大员工拥护、信赖、爱戴、支持的管理者，争做一位开明务实的民营企业家。

一是一诺千金。讲诚信是一个人、一个企业安身立命的根本。我一直记着这个道理：你真心诚意对待别人，别人也不会亏待你。同样，要以人为本、打造一流的员工队伍，必须以诚信为魂，促使企业的信誉度、美誉度和公信力不断提升。

改制之初，少数员工有这种猜疑：过去厂长对我们不错，现在企业改制了，老板还会对我们那样好吗？对此，我在企业改制后的第一次全体员工大会上就提出了做人准则、用人原则、用工制度、分配方法等"八个不变"，确保企业资产保值增值、确保员工工资福利稳中有升、确保员工当家做主地位充分体现等"六个确保"和通过5—10年的努力，力争把我们惟越集团建成本地区民营纺织行业中设备最精、产品最优、管理最好、效益最高、实力最强、形象最佳的现代化企业的"一个目标"的承诺。结果，"六个确保"当年兑现，"八个不变"和"一个目标"一直坚定不移地实施着。尤其是员工报酬，在原来基础上有了较大幅度的上涨。员工们看在眼里，记在心里，认为我是一个"讲诚信"的当家人。特别是我历尽艰辛，顶住方方面面的压力，排除各种各样的阻力，打赢了上级领导要求我司担保的100万美元的官司，为企业避免了一场灭顶之灾，维护了全体员工的合法权益，深得广大员工的信赖。

为了让我的承诺不停留在口头上，我通过书面的形式将其确定下来，并认真履行，确保兑现。我与每一名员工签订了劳动合同，并与工会协商签订了集体合同。通过建立稳固的劳资关系，让员工的工作和生活有保障，把员工的疑虑打消，把员工的积极性引导好、保护好、发挥好。在履约过程中，公司严格履行应尽义务，绝大多数员工也能认真履行合同。对几名不按约定突然跳槽的技术工人，因给企业造成了比较大的损失，通过仲裁、诉讼、申请执行等程序，追究了这些员工的部分违约责任。一时间，社会上小有议论，说老板跟员工打官司不够意思。但我认为，企业的发展最终还是为了绝大多数员工的根本利益，绝不能照顾极少数违约员工的利益和面子。企业选择与跳槽员工打官司，不是为了钱，而是为了理，为了维护劳动合同的严肃性，为了维护全体员工的长远利益。

二是商道酬信。十多年来，我们在银行没有一笔逾期贷款，赢得了银行的信任。多年来，只要企业需要资金，银行就能主动上门服务，而且有时放的是信用贷款，不需要用企业资产、业主家庭财产作抵押担保。1994年，我们在山西某纺机厂购买23台细纱机，是分期付款的，到期连利息也一起支付了。

他们一位副总称赞说:"我在厂工作二十几年,从来没有见过惟越这么讲诚信的用户。"2002年我们又去购买19台细纱机,对方得知我们近几年投入比较大,主动提出再破例给我们赊欠一部分货款,令我们感动不已。我由衷地感到,讲诚信等于为企业储备了一笔庞大的资金。

三是秉公办事。企业改制后,从表面上看财产是属于我个人的,实际上仍然是全体员工的,所以我一直执行的是改制前的财务审批制度。亲戚朋友要做企业的零星工程和生意,都必须按照企业的规定执行,该投标的还是要投标,不搞半点特殊或照顾。改制后,我买了一套三室一厅的商品房,钱不够,向银行贷款16万元,还款期限10年,每月通过工资卡扣还。女儿在上海上学,来去都是乘长途汽车,不安排专车接送。我常常这样教育她:"人从小就要学会吃苦、不怕吃苦、过普通人的生活,这样对自己成长有利,否则别人会议论你。"

平常工作中我不搞一言堂、家长制、个人说了算,一直坚持走群众路线,注重发挥工会等群团组织的桥梁纽带作用。我深深感到,行政研究工作时,工会是最理想的参谋者;执行行政决议时,工会是最有力的支持者;行政工作繁忙时,工会是最可信的分担者;行政领导烦恼时,工会是最亲切的安慰者。

这些年来,由于公司认真实践以人为本的科学发展观,在纺织行业竞争激烈、风云变幻的大气候下,始终保持了健康、快速、持续发展的良好势头。产、销、利每年以20%以上的速度递增。产品在稳固占领国内市场的同时,公司积极推进"网络营销",使产品畅销日本、美国、韩国、埃及、土耳其等国家。公司先后荣获省文明单位、市百强企业、市首批A级纳税人等荣誉称号。干部、党员面对急难险重的任务冲锋在前,参加义务劳动蔚然成风。60多人的合唱团多次在上级组织的文艺会演中荣获一等奖,抒发了惟越人的情怀,展示了惟越人的风采。

作为省劳模、省党代表的我,通过这些年的工作实践,更深切地体会到,要使企业全面、协调、持续地发展,就必须认真做到将"以人为本"的理念从抽象化变为具体化,从概念化变为实践化,真正紧扣员工的物质需求、精神需求、心理需求、情感需求,去设计企业的管理方式、管理途径、管理效率和管理目标。在管理过程中,积极注入人性化的元素,形成亲员工、利员工、护员工的管理风格,充分体现民主管理功能的重要内涵,使每一个管理人员都能清醒地认识到：管理就是服务，而服务就必须具有亲和力，就必须与人为善、双向沟通、互为归属。各级管理者都应人情味十足地"心里装着员工、工作依靠员工、一切为了员工"，尊重员工的人格尊严和主体地位，关心员工的物质利益和精神追求，关注员工的实际困难。通过多渠道、多形式的人文关怀，帮助员工在企业中找到自己的使命感和归属感。只有这样，才能形成同心同德干事业的好氛围，才能更好地将员工的积极性、主动性、创造性融于企业改革发展的实践之中，才能在科学发展观的指导下，促进企业更快更好地发展，在"两个率先"中发挥我们民营企业员工应有的作用，做出我们民营企业应有的贡献！

撰写《企业经典管理警句汇编》

曾有一段时期，企业人际关系不够融洽。有的员工为一两句不爱听的话发生争执；有的员工为管理人员一两句不中听的话辞职离厂；有时管理人员之间也为一些话语闹矛盾，直接影响生产和管理。细细分析这些矛盾，其实并没有什么实质性问题，只是说话的人信口开河，没有根据具体人、具体事想好了再说，没有顾及对方的感受，而听话的人缺少理解人、宽容人的胸怀，往往站在自己的角度去想别人说的话，有时把意思想偏了、想反了、想复杂了。要解决这些问题，开开会、谈谈心不会有多大效果，要从根本上解决就必须全面、系统、深刻、有针对性地开启"洗脑"工程。于是我根据员工的基本素质和企业的具体情况，借鉴有关资料和至理名言，把做人做事的基本道理和方法，用顺口、好记、易懂的群众性语言撰写了《企业经典管理警句汇编》，每人一份，同时利用一个多月班前班后的时间，各科室、车间、工段、班组组织员工逐条逐句学习，并安排素质好、文化水平高的管理干部进行讲解辅导。在此基础上，再分科室、班、组进行开卷考试，根据考试成绩再分一、二、三档进行奖励，没有获奖的员工，只要认真参加考试，每人发10元左右的纪念品。然后全公司组织《企业经典管理警句汇编》释义竞赛，纱、线、布厂全体干部和员工均作为参赛对象。竞赛的具体步骤和办法是：

一、干部以部门为单位组织竞赛。

二、员工以班组为单位组织竞赛。

三、每人必须书面诠释《企业经典管理警句汇编》中五句警句，并在竞赛会上加以阐述。具体要求：一是语意解释要结合本职工作做举例说明；二是自己动脑筋、不抄别人的，否则扣20元；三是没有书写能力的可以口述；四是每人选一条做人、做事的警句解答；五是各部门、班组竞赛活动中获得前三名的人员参加分厂组织的竞赛活动；六是各部门、班组将每人书面诠释的警句收齐后送厂工会存档。

四、竞赛奖惩办法：

（一）凡是按上述要求参加竞赛活动的，每人有一份纪念品，不参加的扣20元；

（二）各部门、班组竞赛成绩前三名的人员，分别获得50元、30元、20元左右的奖品；

（三）凡在分厂组织的竞赛中荣获前三名的人员，分别获得300元、200元、100元左右的奖品，所在部门、班组负责人分别获得80元、60元、40元左右的奖品。

（四）凡不组织竞赛活动的部门或班组负责人，扣款100元、通报批评，必须在厂部规定时间内重新组织竞赛活动。凡没有人参加分厂竞赛活动的部门或班组负责人扣款100元、通报批评。

五、竞赛时间部署：

（一）2003年9月26日至10月10日，部门和班组组织竞赛，评选出前三名；

（二）2003年10月11日至10月20日，分厂组织竞赛，公布前三名的个人和部门、班组，同时颁发奖品。

通过开展《企业经典管理警句汇编》学习、考试、竞赛等系列活动，干部员工更好地做到了尊重人、关心人、理解人、宽容人，更懂得了"同事本是缘，相处多让步；同事处好赛金宝，工作起来烦恼少；自己工作做得好，不怕领导来查找；业务技术学得好，做起事来真轻巧"等道理。全公司上下人人努力做到"说好每一句话、说准每一句话，尽量多说友好的话、协商的话，不说伤害人格的话"。从而大大改善了人际关系，促进了企业管理，为提升企业核心竞争力起到非常好的作用。

附：

南通惟越集团经典管理警句汇编

2003 年 8 月 26 日

为了进一步提升干部员工语言沟通能力，改善人际关系，加深大家对强化企业管理重要性、必要性、迫切性的认识，提高干部敢于管理、愿意管理、善于管理的责任心和艺术性，提高员工理解管理、接受管理、支持管理的自觉性与积极性，更好地使企业参与市场竞争，确保企业持续稳定健康发展。现借鉴有关资料和至理名言，将干部、员工在过去企业管理中的口头语及学习心得整理汇编，供大家学习、参考、运用，以全面推进我司管理不断朝着标准化、规范化、现代化的方向发展。

一、堂堂正正做人

1. 品行是金、品行是宝。可敬的人：做事敢于高调，做人甘于低调；可爱的人：做事敢为人先，做人敢为人先；可悲的人：做事甘为人后，做人甘为人后；可恶的人：做事总在人后，做人爱出风头。

2. "人"字一撇一捺，是相互支撑的，绝对不能以为别人离开了你，工作就做不下去。

3. 个人是渺小的，只有在集体中才有自己发展的空间。

4. 同事本是缘，相处多让步。

5. 要想得到别人的尊重，自己必须要有值得别人尊重的地方。你希望别人怎样对待你，你应该先怎样对待别人。

6. 品行好、能力强、工作实，无须提防任何人。

7. 不仅要帮人找出错处，更要帮人想出改正办法。

8. 谁要想在困难时得到别人的援助，就应该在平时注意关爱别人。

9. 一个人的品格不应由他特殊的行动来衡量，而应由他的日常行为来衡量。

10. 严于律己宽以待人；记人之善忘人之恶；用心沟通以情感化。

11. 能付出爱心是幸福，能消除烦恼是智慧。

12. 人在世上，最重要的是拥有一颗感恩的心。

13. 原谅别人，是平息心火的最佳方式。

14. 不怕吃亏，就不会吃亏；害怕吃亏，则难免吃亏。

15. 诚心善待他人，也等于善待自己。

16. 为人处世要点：待人诚一点、嘴巴甜一点、业务钻一点、行动快一点、做事多一点、借口少一点、气量大一点、脾气小一点、说话轻一点、微笑多一点。

17. 两个人分享一份快乐就有两份快乐，两个人分担一份痛苦就只剩下半份痛苦。

18. 交友重情莫重利，冤家宜解不宜结。

19. 为人、技能、业绩完全是靠自己做出来的，不是靠自己和别人吹出来的。

20. 说话办事，对自己有利、对别人有利、对企业有利、对社会有利，是受人尊敬的能人；说话办事，对自己有利、对别人没利、对企业没利、对社会没利，是让人提防的小人。

21. 你可以在某些时候欺瞒所有的人，也可以在所有的时候欺瞒某些人，但不能在所有的时候欺瞒所有的人。

22. 时刻看到别人的长处，时刻想到自己的短处，一定能不断进步、成就事业；时刻看到自己的长处，时刻盯住别人的短处，一定会自高自大、毁坏自我。

23. 一个人不可能改变天气，但可以改变自己的心情。

24. 人最可怕的有两件事：第一件，不知自己无知；第二件，知错不改。

25. 当面指出别人缺点的，才是一个真正帮助别人的人；当面把别人缺点说成优点的人，不是一个值得信任的人。

26. 能受苦乃为志士，能吃亏不是痴人；敬君子方显有德，避小人不算无能；退一步天高地阔，让三分心平气和。

27. 正确对待批评，把批评看成是别人对你的关心和帮助，不能认为别人同你过不去。

28. 做人讲诚信，做事善始终。

29. 不能正视自己缺点的人，永远无法走出自己为自己设置的误区。

30. 一个人想用"嘴"骗取别人的信任和感情，最终还是要吃"嘴"上亏。

31. 看不到别人的长处便是自己的短处。

32. 缺点不改，犹如没系好鞋带，绊倒的只能是自己。

33. 能虚心接受他人的意见，虚心请教他人，一定能比别人获得更多的乐趣。

34. 讲文明、讲礼貌，努力塑造公众形象；学本领、用本领，终会赢得大家的尊敬。

35. 上帝待人是公平的，给你关了一扇门（挫折），也必给你打开一扇窗（机会）。

36. 是金子总会处处发光，是人才终会被重用。

37. 讲学习、讲本领、讲团结、讲纪律、讲诚信、讲奉献。

38. 人除了要用知识来武装自己的头脑之外，还要用完美的人格来塑造自己的形象。

39. 思路决定出路，态度决定高度，细节决定成败。

40. 多读书就是多一份创造财富的能力。口才助你成功，沟通改变人生。

41. 为了坚信，从疑开始。用人要疑，疑人要用，用中疑，疑中用，尽量用完善的制度约束人、引导人。值得别人信任的人绝不会乞求别人的信任。

42. 放荡的青春必然会引来痛苦的晚年。

43. 不是不要爱情、不要享受，而是怕过早的享受会使自己失去前进的方向。

44. 真正的朋友不会因交往少而淡忘，真正的友谊不是在吃喝玩乐中体现，而是在相互学习、真诚帮助中升华。

45. 青春是属于爱情的季节，更是学技术、干事业的黄金期。年轻人一定要处理好学习、工作与恋爱的关系。

46. 喜欢你得不到的，不如珍惜你已拥有的。

47. 忠诚是做人的标尺，公正是处世的准则。

二、实实在在做事

48. 世界上没有卑贱的职业，只有卑贱的人。

49. 认真才能做对，用心才能做好。

50. 别人能做好的，我一定能做得比别人更好；不做则已，要做就做最好；本职工作做好了，乐趣自然就多了。

51. 每个员工的工作如同舞台上的演出，演得好与否，关键在于自己。

52. 聪明的人用出色的工作业绩展示自己，愚蠢的人以大话、假话、空话表现自己。

53. 最好的人生目标不是最远大的那个，而是最有可能实现的那个。

54. 千学万学，先学做人；唯有埋头，才能出头。

55. 为错误寻找理由，等于还想重复错误。

56. 人最困难时要有战胜困难的勇气，要想到战胜困难后的希望。

57. 自己能做的事情绝不求助于他人。

58. 敢做，可能会取得百分之五十的成功；不做，只能是百分之百的失败。

59. 谋定而动，动先造势，势在必行。

60. 今日事今日毕，明日事早安排。

61. 碰到问题，从上下左右里外前后去分析，一定能把问题解决好。

62. 成功者找方法，失败者找借口。

63. 困难处处都会有，办法总比困难多。

64. 失败者常叹事与愿违，成功者坚信事在人为。

65. 抱怨最多的人，往往是学得最少、做得最差的人。

66. 能从基础工作做起，你的经验将会更丰富，你的能力将会不断提升。

67. 想当好管理者，必须先当好被管理者。

68. 要想做大事，首先把小事做好，把在做的事做好。

69. 不因自己偷懒和过失，给他人带来麻烦、给企业造成损失、被众人指责。

70. 上班一分钟，思想就要集中一分钟；只要在班中，安全、质量一丝一毫不能放松。

71. 用单纯的心去过复杂的生活，用丰富的心去面对单调的工作。

72. 自己的好让别人说，不要自己夸；如果自己确实好，周围的人总会看得到。

73. 关系是泥饭碗，会碎；文凭是铁饭碗，会锈；本事是金饭碗，会升值。

74. 把普通做到极致就是不普通，把简单坚持到尽头就是不简单。

75. 严格遵守操作规程，防止质量和安全事故的发生。

76. 企业要发展，全靠大家来努力；报酬要提高，关键在于事做好。

77. 学技术、钻业务，争当同行标兵；攻难题、破难关，必然令人敬佩。

78. 爱岗敬业，是每位员工基本的准则；求真务实，是每位员工进步的途径。

79. 只有创造与奉献，才有回报与实惠。

80. 投入多一点，方法好一点，绩效自然会高一点。

81. 工作岂能有缺陷。一个人一个缺陷，全公司上千人就有上千个缺陷，企业将无法生存。

82. 得意事来处之以淡，失意事来处之以稳。

83. 抓住时间的要诀是：从现在起不浪费时间，你和我一样，过了今天，都不可能再有第二个今天。

84. 害人之心不可有，防人之心不可无。要使人不知，除非己莫为。

85. 一个人做好事并不难，难的是一辈子做好事；一个人有创意并不难，难的是不断地有创意。

86. 自我加压，不甘落后，不断创新，敢争第一。

87. 向竞争对手学习才容易提高、才可能实现自己的目标。

88. 身正不怕影子歪，真心做事不怕疑。

89. 不要让年轻时没有流出的汗水，在年老时化成泪水流出来。

90. 读书不加以运用，等于吃饭不得消化。

91. 想得好是聪明，计划得好是更聪明，做得好是最聪明。

92. 有志者自有千方百计，无志者只感千难万难。

三、企业重在管理

93. 管理干部这个职位，并不意味着等级、特权、头衔或金钱，而它的含义仅仅是两个字：责任。

94. 管理者的威信是靠自己一言一行树起来的，不是靠领导捧起来的，也不是靠少数人吹出来的。

95. 管理者要学会说好每一句话、说准每一句话，与工人多说友好的话、鼓励的话、协商的话、启发的话，尽量少说批评的话、指责的话、反问的话，绝不说伤害人格的话、气工人走的话，确保员工上班有个好心情、好氛围。

96. 管理工作，必须做到一级帮助一级、一级支持一级、一级对一级负责。

97. 管理者要做好每一项工作，都必须做到有计划、有布置、有检查、有考核、有总结、有评比。

98. 管理者必须时刻做到：一切以解决问题为前提，以做好工作为目标。

99. 做管理工作时说话要有艺术感，谈话要用攻心术，做思想工作要掌握心理学，要贴近现实，让人心服口服。

100. 一个管理者，对企业要忠，对主管要忠，对下属也要忠。在"忠"字上用了心，回报自然会多。

101. 管理者在于了解自己、改造自己、完善自己；当好表率，吃苦在前，"喊破嗓子"不如做出样子。

102. 一个合格的管理者，就必须走群众路线、遇事同大家商量、注意工作方法、讲究工作艺术，最终达到既要做好工作、又要处好关系的目的。

103. 尊重员工、善待员工，是做好管理工作的基础和前提。

104. 企业要生存要发展，关键要在"尊重人、关心人、培养人、理解人和挖掘人的内在动力"上做文章。

105. 管理是干部的天职，理解管理、支持管理是每位员工应尽的义务。

106. 企业要发展，干部员工要"五同"：思想上同心、目标上同向、行动上同步、事业上同行、成果上同享。

107. 企业要有大发展、员工要有高福利，人人都要做到"谁正派就尊重谁、谁正确就支持谁、谁有本事就重用谁、谁有成绩就表扬谁、谁有缺点就帮助谁"。

108. 维护企业声誉和合法利益，是每位干部、员工应尽的职责。

109. 语言是与人沟通交流的工具，说得恰当要比说得多更好。

110. 管好自己，乐趣无穷；放任自己，烦恼多多。

111. 要想考核得高分，工作就要很认真，业绩就要很突出。

112. 考核被扣分，不要怪别人，要多找自己没有做好的方面。

113. 自觉的人拥护制度，散漫的人怨恨制度，落后的人反对制度。

114. 正确理解管理，自觉接受管理，热情支持管理，积极参与管理。

115. 自觉的人处处宽松，散漫的人寸步难行，聪明的人持续改进。

116. 一切按制度办事，大家都好做事；不按制度办事，最终害人害己。

117. 依法治厂、民主管理、科技创新、与时俱进，是振兴企业的法宝。

118. 公正管理、公平考核、以理服人、以情感人，充分体现自己的人品和水平。

119. 不要在做事之前就否定自己，再困难的事，哪怕只有百分之一的可能，都要去争取。

120. 解决任何问题，都要弄清原因、讲究解决方法、追求解决效果。

121. 关爱惟越，就是关爱自己；关爱惟越的未来，就是关爱自己的明天。

122. 经营围绕市场转，生产围绕经营转，全厂围绕生产转，这样企业才会越转越好。

123. 尊重科学，尊重真理，尊重知识，尊重劳动，尊重人才。

124. 我靠企业生存，企业靠我发展；企业真正发展好，员工薪酬不会少。

125. 用爱心关怀同事，用真心帮助同事，用诚心提醒同事。

126. 待人要诚心，帮人要热心，看人不偏心，做人要开心。

127. 即使批评只有部分正确，也应该欢迎。

128. 学习法律知识，增强法制意识，自觉遵纪守法。

129. 团结才有力量，团结才会成功，团结才能幸福。

130. 一流团队只合作不竞争，二流团队既合作又竞争，三流团队不合作只竞争，我们一定要争创一流团队。

131. 说公道话，干实在事，做正派人，净化企业风气。

132. 自己工作做得好，不怕领导来查找。

133. 拒绝改变的人只有一个选择——接受淘汰。

134. 只要别人说得对，就不应计较别人的态度与方法。

135. 这山望着那山高，跳来跳去总不好；盲目跳槽，最终连自己本应得到的利益也不一定能保得住。

136. 进厂前慎重考虑，进厂后一心一意，不管跑到哪里都要做事，都要接受管理，世上没有不劳而获的道理。

137. 同事处好赛金宝，工作起来烦恼少；业务技术学得好，做起事来真轻巧。

138. 能不用则不用，能少用则少用，能利用则利用，用治家的精神和办法做好企业节约工作。

四、质量决定命运

139. 质量是企业的生命，不断提高产品质量是企业永恒的主题。

140. 质量是管理出来的、也是经营出来的；产品质量的提高取决于每个人工作质量的提升。

141. 企业好，员工才会真正好；质量好，企业才会长久好。

142. 品质做得好一分，用户满意多一分，企业效益高一分，自己收入增一分。

143. 优质产品是提高企业经济效益、增加员工经济收入的源泉。

144. 重视质量要付出代价，不重视质量代价更高。

145. 不合格原料及配件不进厂，不合格半成品不流入下道工序，不合格产品不能出厂。

146. 上道工序为下道工序服务，下道工序为上道工序把关。

147. 员工要把每道工序都看作用户，产品依次流转，质量层层把关，保证出厂产品都是全优产品。

148. 我们1%的瑕疵品，等于用户100%的废品。

149. 始于客户需求，终于客户满意。

150. 按照客户要求生产，必然会赢得客户；不按客户要求生产，必然会失去客户。

151. 只有客户满意的产品才是合格产品。

152. 客户可以没有我们，我们不能没有客户。

153. 企业的竞争，最终就是产品质量的竞争、内部管理的竞争。

五、营销贵在诚信

154. 重义信誉为本，诚会天下宾客。

155. 市场大，有你没有我；市场小，看你找不找。

156. 开发新产品，才有竞争力。

157. 学好《合同法》，用好《合同法》，签好每一份合同。

158. 捕捉市场信息，掌握市场行情，讲究营销策略，记好用户档案，谈好每笔业务。

159. 管理大客户就是管理企业的未来。

160. 用热情感动客户，用真诚取信客户，用优质留住客户。

161. 在考虑自身利益的同时，也要考虑客户利益，合作共赢才是正道。

162. 我们记住客户没用，要让客户记住我们。

163. 在营销过程中，我们不能骗人，但也绝不能被人骗。

164. 掌握营销主动权，千万不能被套住。

165. 不断寻找优秀客户（诚实守信、实力雄厚、竞争力强），精心处好合作伙伴。

六、安全高于一切

166. 安全为了生产，生产必须安全。

167. 安全高于一切，一切服从安全。

168. 生命至高无上，安全重于泰山。

169. 安全来自警惕，事故源于麻痹。

170. 宁可耗时搞好防范，不能费力处理事故。

171. 时刻注意生产和家庭安全，尽最大努力避免损失和减少痛苦。

172. 身在纺织厂，防火最为重，你我不能松。

173. 进一步增强安全防范意识，坚决把不安全因素消灭在萌芽状态。

174. 事故原因不查清不放过，整改措施不落实到位不放过，责任人不受到教育和处理不放过，其他职工不从中吸取教训不放过。

175. 安全管理制度，是用无数事故教训换来的，谁违反谁就必然受到惩罚。

176. 爱妻爱子爱家庭，违反交规等于零。

> 从业者之歌
> ——从扛草工到企业掌门人

审时度势抓转型

  2006年下半年，纺织行业开始走下坡路。一是纺织原料涨跌无常，一吨原料少时跌二三百元，多时跌二千元左右。我司每月库存原料和产品、半成品约400吨，原料一跌价，企业损失很大；涨价时原料又很难买到。二是用工成本大幅度上升，员工的工资、"五险一金"、福利待遇等每年以10%左右的速度递增。三是退休员工逐年增加、外地员工逐年减少、本地的年轻人又不愿意进纺织厂，本地国营、大集体纺织厂大量招收经过正规培训的民营企业熟练工和技术工。四是招工用工、管人留人的难度不断加大。根据我厂设备和资金的实际情况，要规避风险、摆脱困境，最有效的办法就是适时适度地缩小生产规模，逐渐搞好企业转型。我们制订了可操作性强（有计划、有步骤、有重点、有举措）的实施方案，做到整体规划、分步实施。在确保愿意留在公司继续工作的在职员工有班上、有正常收入的前提下，根据市场行情变化，逐渐减少开台、淘汰落后设备，通过实行"兼、并、带、转"，不断压缩非生产性人员，尽量做到用工既无富余又无空缺，将腾出来的厂房、场地、设施等出租。

  2008年底，因前两年市场变化大、接单能力弱、管理跟不上，新厂每年亏损一二百万元。为了彻底扭转这个局面，根据我区城镇化建设进程和"三产"服务业迅猛发展的形势，我们反复调研、分析、论证，决定不惜代价，停止新厂生产，全部转型搞"三产"。将新厂好的设备搬迁到原纱厂（充分利用纱厂的房屋、场地）继续生产，其余设备能成套卖就成套卖，不能成套卖的就把好的配件拆下来继续用，其余当废铁卖，损失共计700多万元。当时有人说我"瞎弄"，但我坚信新厂转型是正确的。2009年初新厂开始出租，其结果完全达到我们的预期。

  从2012年初，纱、布厂根据市场行情和用工情况，有计划地压缩生产规模，到2018年4月，纱、布厂生产规模压缩到原有的35%—40%。腾出的厂房、场地、设施再出租。这样做不但确保了企业平稳运行，员工收入逐年递增，连同租户在内上缴的税费没有减少，企业也增加了收益。那些没有压缩生产规模、没有转型升级的纺织厂，有的濒临破产，有的勉强维持，有的被法院拍卖。有的纺织厂法定代表人变卖家产还债，有的自杀，有的"人间蒸发"。时任市纺织协会会长、市政协副主席等领导及同行们，评价我有远见有魄力，企业转型早、转得好，对我司"退二进三"的做法大为赞赏。

历时六年的官司

2002年5月初,在市、区、乡等主要领导的鼓励下,在"大船能抵风浪、企业做大做强"的热潮中,我们决定上马100台倍捻机,建苏北地区最大的并线厂。

当我们11000多平方米的两个车间基建开工后,周边倍捻线厂蜂拥而上,邻近的某国营纺织厂管理干部也集股投资上马20多台倍捻机。

面对这种局势,我们觉得上100台倍捻机风险太大,所以决定改变原有方案,上马42台倍捻机,先将一幢车间用起来。在这之前,我司陆续向浙江某纺织机械有限公司买过12台倍捻机,其质量尚可,售后服务较好,双方合作比较愉快。新增的30台倍捻机,其中10台苏拉倍捻机(德国与中国联营生产的)、20台浙江某公司生产的倍捻机。该公司销售员和总经理积极向我们推荐他们公司生产的RFRS10型转杯纺纱机(俗称:气流纺)和RFRS20型包芯转杯纺纱机。当时气流纺纱和包芯纱确实非常紧俏,效益很好。2002年6月29日,我司与该公司签订了单价为90万元的RFRS10型转杯纺纱机和单价为112万元的RFRS20型包芯转杯纺纱机各5台的买卖合同。合同签订后,我司依约支付了货款。

RFRS20型包芯转杯纺纱机安装调试后,一直纺不出包芯纱。我司邀请了南通工学院(现为南通大学)的两位教授来生产现场观察分析,他俩说这种设备根本纺不出包芯纱,只能把纺织纤维与弹力丝缠绕在一起,不能将弹力丝全部包裹在纺织纤维中,全球还没有一个国家能生产出气流纺包芯纱设备(当时我们请他俩写了现场观察的《情况说明》)。这时我们才知道上了当!于是我司立即与该公司协商,将RFRS20型包芯转杯纺纱机改造成RFRS10型转杯纺纱机,尽量减少损失,该公司总经理等人却不同意我司要求。事后我们了解到浙江某公司内部规定,新产品开发与科研、销售等人员存在利润分成关系,利润越多相关人员分红就越多。我想该公司老板不一定知道具体情况,于是我致信给该公司的总裁。总裁看了我的信后，派人通知我 2003 年 7 月 31 日去他公司面谈。见面后，总裁在办公室当着我的面狠狠批评了他公司的总经理："你太不地道了，怎么骗到老朋友头上了？"经过双方友好协商，签订了设备改造协议，约定双方放弃对原有合同的任何争议，该公司负责将 RFRS20 型包芯转杯纺纱机改造成 RFRS10 型转杯纺纱机，改造后的 RFRS10 型转杯纺纱机每台价格为 85 万元，多付的货款退给我司。

由于机型有本质区别，他们负责设备改造的人又为了节省费用，该换的配件不换，经过二十多天的改造，设备一直达不到 RFRS10 型转杯纺纱机《产品说明书》中的技术标准和要求。我们意识到该公司经办负责人在拖延时间，企图最后不了了之。如果我们就这样放弃，损失太大；如果要走法律程序，买卖合同和设备改造协议都在该公司签订，要打官司还必须到浙江去打，相当麻烦。

无奈之下，我们于 2003 年 8 月 25 日邀请该公司的董事长、总经理、质量总监等 4 人来厂，与他们进一步友好协商。我说："你们工作非常繁忙，来回一次在路上至少要花十一个小时，我的事也比较多。这样，我们把没有改造好的设备问题协商后再签个《补充协议》，以便下属人员好做事，我们也省事。"该公司董事长等人同意了，于是就签了设备改造《补充协议》。该公司承诺改造工作于 2003 年 9 月 10 日前完成，改造后的设备完全达到 RFRS10 型转杯纺纱机《产品说明书》中的技术标准和要求，否则愿承担一切责任，赔偿经济损失。其根本目的还是督促该公司将设备彻底改造好。

《补充协议》签订后，该公司的改造工作仍然流于形式。我们再打电话、发传真、寄函件，他们就是不从根本上解决问题，有时来几个人弄一天半天，不声不响就走了，有时来 2 个人到车间转转就走了。

我们不想诉诸法律，只想挽回损失。我们再去该公司商谈时，他们只派了一个不做主的销售员接待，公司领导一个都不出场。他们认为我司已付清货款，对他们无可奈何。

坚信法律是公正、神圣的，我们于 2005 年 1 月 28 日向南通市中级人民法院提起上诉，同时提供了大量翔实的证据，比如双方来往的信函、传真、设备改造过程中双方代表的签字记录、教授的《情况说明》等。并向法院提出了《设备鉴定申请》《产品鉴定申请》《损失评估申请》和《财产保全申请》的请求。

该公司为了回避事实，不赔损失，他们在设备鉴定、产品鉴定、损失评估等方面做尽了文章。仅产品鉴定就三次，前两次产品鉴定机构均对照环锭纺标准检验，认为产品合格。我们据理力争，最后一次才对照气流纺的标准检验，其结论为"不合格"。关于设备鉴定，他们千方百计要到RFRS20型包芯转杯纺纱机原出具技术报告的机构鉴定，我们始终不认可。

一审《判决书》于2008年1月4日才下发，判决结果：该公司败诉。

该公司不服一审判决，于2008年2月2日上诉至江苏省高级人民法院。事隔7个月，二审判决：维持原判。

二审判决生效后，浙江某纺织机械有限公司不履行有效判决、不肯给钱，南通中级人民法院组织以执行局副局长为首的11名法警，前往查封隐匿在该公司亲属厂里的倍捻机，结果总裁的亲戚组织了100多人，将南通中院去的执法人员和警车全部关押在厂内，晚上还将厂区的路灯、紧靠厂区通道的车间照明灯全部关掉，强行将法警摄像机的相关内容全部删去。前去执行的副局长求助当地公安和法院，他们都表示，该公司是他们所在地区的纳税大户，劝南通中院撤封。南通中院领导为了执法人员的安全，于当晚8时许同意将封存的设备全部撤封。

按照法律规定，南通中院执行局先后查封了该公司29个银行账户，本该划拨判赔金额就可结案。由于该公司又动用了某些关系，致使省高院派员向南通中院送达了"停止执行通知书"。接着该公司又上诉到中华人民共和国最高人民法院，最高人民法院要求江苏省高院"重审"。由于该公司的干扰，案件迟迟没有判决，实际上拖一天双方的损失都在扩大。时任我区的区委书记、省人大代表知道这个情况后，利用参加省人代会的机会，向省高院提出建议。省高院立即召开审判委员会成员会议，调取卷宗、分析案情、讨论审判意见。后合议庭再次开庭，对该案进行重新审理，依法做出判决，认为该案事实清楚、证据确凿、程序合法，依法维持原判。最后，判赔金额如数划拨到我司账户。

2011年3月，全国"两会"召开，该公司总裁的亲戚——某全国人大代表（曾是全国政协委员）组织了多名全国人大代表、全国政协委员，分别联名书面向全国人大、全国政协提出对法院系统的批评意见和对上述案件的改判建议。认为该公司与我司设备案，法院多次审理都不公正，建议撤销原判决。会后全国人大和全国政协组建联合调查组，对一审、二审、再审所有卷宗，逐一进行了复核。认定原判决适用法律正确、事实证据充分、审判程序合法，并向相关人大代表和政协委员作了书面答复，使历时六年之久的官司画上了圆满的句号。

附：

写给浙江某纺织机械有限公司总裁的信

尊敬的总裁：

您好！

我们虽没有见过面，但您真诚待人的品质、广博精深的学识、实现"双赢"的理念、讲感情重义气的风格，真是值得我们钦佩。

我司于 1999 年下半年与贵司建立业务关系，先后向贵司购买 32 台倍捻机、5 台并纱机、5 台 RFRS10 转杯纺纱机、5 台 RFRS20 包芯转杯纺纱机，总货款高达 2000 多万元。成为苏北地区第一家购买贵司倍捻机、购买设备数量最多的客户。

在业务交往过程中，我们相互信任、相互支持，建立了深厚情谊，尤其是我们为了贵司倍捻机的不断完善，先后提出了 30 多条富有价值的改进意见，得到贵司的认可和采纳。

2002 年 6 月 29 日，在贵司总经理和营销人员的竭力推荐下，我司与贵司签订了两份合同。一份合同（编号 200207053）是 RFRS10 型转杯纺纱机 5 台，每台单价为 90 万元，其中包含便于今后加装氨纶装置机架 5 万元。虽然此机型试运行一个多月来问题不少，但我们相信贵司还是能解决好的，所以在这里不必细说；另一份合同（编号 200207054）是 RFRS20 型包芯转杯纺纱机（车头所标示的、产品说明书及合格证书上所写的均为该型号，合同中误写成 RFRS10）5 台，单价 112 万元。这种机型问题比较突出，主要表现在以下两大方面：

一、在调试过程中，试纺的产品根本不是气流纺包芯纱，而是氨纶丝和气流纺纱并合加捻而成的纱线。与贵司人员介绍的及《产品说明书》"基本纺纱过程"中的说明内容完全不相符，与 RFRS20 型包芯转杯纺纱机所应当具备的功能也相差甚远。

最近，我们特地邀请了南通工学院两名教授来现场勘察分析，该设备生产的纱根本不是贵司提供的《产品说明书》中说的"纤维流在转杯凝聚槽内和氨纶芯纱并合成须条,须条在转杯回转的作用下,通过假捻盘和引纱管内阻捻器的作用下加捻成纱",而是一根氨纶丝和一根转杯纱并合加捻后形成的纱线(其本质为线而不是纱),完全不具备气流纺氨纶包芯纱的特征。

我们将试纺的16S氨纶气流纺"纱",送到南通市纤维检验所分析,他们也认为该"纱"不是氨纶气流纺包芯纱。

我们将试纺的16S氨纶气流纺"纱",推荐给7家纺织集团试织(其中3家是贵公司总经理介绍的)。他们都认为用这种"纱"织成弹力牛仔布后,经过水洗,氨纶丝容易断,而且氨纶丝与其他短纤维一起很难染色,因为两者的吸色性不同。

二、在操作、工艺、机械等方面也存在相当多的问题。

从2003年4月下旬开始,设备调试至今,未能纺成氨纶气流纺包芯纱,给我司造成了极大的损失。一是价值近千万元的5台包芯转杯纺纱机、前纺配套设备、电气设备等未能产出效益,而且还要付利息;二是试纺的16S、12S纯棉氨纶气流纺"纱"共计11吨无法销售,价值24万余元;三是征用的部分土地,新建厂房、仓库及配备的挡车工等均未能发挥应有的作用;四是试纺过程中花费的人力、物力、财力也很大,原棉和氨纶丝浪费也很多。

为了尽快解决上述问题,2003年7月4日上午,我司举行RFRS20型包芯转杯纺纱机最后一次试纺会议,贵司所派的4位工程技术人员都认为无法解决氨纶丝为芯纱、短纤维包在氨纶丝外面的问题,其余问题基本可以解决,并拒绝在会议记录上签字。7月5日,4名工程技术人员撤离回厂,调试工作就此中断。我司于当天发传真、寄快件给贵司。贵司于7月7日发传真、寄快件给我司,回复令我们失望。贵司不但对RFRS20型包芯转杯纺纱机存在的根本问题不能正确认识,没有解决方案,而且说"我们已全部调试完毕,贵公司可放心使用"。调试显然尚无结果,岂能认为"调试完毕"?我司至今尚不能使用,又怎可能放心使用?对于贵司7月7日发来的函件,我司是不能接受的。

鉴于上述情况,敬请总裁在百忙中,挤出一点时间详细了解实情,出面协调与解决,以免我们这家小私营企业蒙受灭顶之灾,同时及时消除贵司在销售市场上的不良影响,避免我们之间产生不必要的争议、矛盾和损失,维护我们多年建立的友好合作关系。

热切企盼总裁等各位领导莅临我司指导，以促进贵我双方精诚合作、友谊长存。

最后，让我们以贵司"为别人创造幸福的人，自己最后最幸福"的经营理念来共勉吧！

切望回复，谢谢合作！

恭祝

身心健康、事业发达、家庭幸福、万事如意！

南通惟越集团有限公司

董事长　陈志凌

2003 年 7 月 18 日

一次惊险的理财

2014年12月下旬，一位十几年前在市政府机关工作、后又下海经商的老总朋友L，带着他两位副总来我办公室洽谈融资事宜。他着重与我讲了五点。第一，他在某县搞了一个总投资额10多亿元的商品住宅房建设项目，现已建好6幢住宅楼，还有1幢住宅楼及配套设施因缺乏资金未能开工建设，某县政府多次催促他的工程项目早日竣工；第二，最后1幢住宅楼及配套设施不建好，整个工程项目不好验收，已建好的商品房也不得向外出售；第三，考虑到我在社会上的信誉度和融资能力，请我帮忙想办法筹集3000万元借给他们；第四，年利率可定为20%；第五，借用9—12个月，到期保证如数归还。

听后我仔细想了想，向他们讲了六点。一是目前房市比较疲软，风险比较大；二是L老总是我多年的合作伙伴，为人和信誉还可以；三是最近可以想办法筹到1500万元—1800万元。这样可以帮助L老总解决燃眉之急，实现同事、亲朋好友理财的愿望，也能为某县政府解决心头之忧；四是朋友归朋友，生意归生意，还是按行业规矩办，用你们已建好的商品房作抵押，办好相关手续，这样让出资人放心；五是年利率按19%计算；六是按今天我们商谈的精神，由我司负责起草《借款协议》。

L老总等人完全同意我的意见后，我在《借款协议》上不仅写明了借、还款的时间、金额，还写明了抵押商品房的楼室号，并特别约定：借款期满时，甲方如不能还清本息，甲方同意将未能还款部分从借款之日起按每万元每天10元计息；逾期30天（含30天）以上，甲方应将本协议第六款所述商品房按每平方米2600元左右出售，所得房款即时汇入乙方指定账户，双方结算借款本息时，按每套房实际成交价和实际变现时间计算。

双方在《借款协议》上签字盖章后，我司全面、严格地履行了《借款协议》

的约定。可是还款期过了 3 天后，L 老总既没有还一分钱，也没有说什么原因。我们焦急万分，于是派人找 L 老总，他说没有时间接待，现在房子不好卖，也拿不出钱，你们实在要钱可以走法律程序。

  我们认为走法律程序太麻烦，一年不一定能判下来。即使我们胜诉，执行也相当困难，不可能全额追回，一两年不一定能结案。于是我们选派了综合素质好、文化水平高、追债能力强的员工代表出面依法依规催要。

  历经 40 多天的努力，我司终于将所有借款及利息如数追回，违约利息只要了三分之一，使本次理财有惊无险。

多方认可的拆迁

2017年7月20日，港闸区区长、分管城镇建设的副区长等领导来我司纱厂考察后，决定将我司纱厂全部拆除搬迁。第二天，港闸经济开发区"拆迁办"相关领导前来洽谈纱厂拆迁具体事宜。我当时不得不作全面考虑。一是纱厂拆迁是因"新华路西延和港闸路改造工程"需要，不论从哪个角度来说，我司应全力配合；二是纱厂拆迁，在职员工如何安置；三是纱厂拆迁，公司7000多万元的负债如何处理；四是纺部有退休人员近400人，近40年中累计离厂的有1000多人，他们中的少数人认为对厂有贡献，要分享"纱厂拆迁补偿款"，我怎么处理；五是如何与政府商谈拆迁补偿等事宜。

经过反复思考后，我草拟了纱厂拆迁相关问题的解决方案。其主要内容如下。

一、用7个月的时间，按照纺纱技术要求，对公司新厂腾出的厂房进行全面改造，将纱厂相对好的设备搬到新厂继续生产。然后将纱厂全部搬空交政府拆除（实际交房时间比约定的2018年6月30日提前了10天），这样既满足了政府拆迁的时间要求，又妥善安置了所有在职员工的就业。

二、召开退休工人"接待会"，讲清纺部拆迁的重要性、必要性、迫切性及相关计划安排，依法依规解答部分退休工人提出的关于纱厂拆迁的一切问题和要求（详见《我在老工人接待会上的讲话》和《给P顾问的回信》）。

三、向负责拆迁的相关领导阐明我司关于拆迁的想法和建议（详见《我与港闸经济开发区拆迁办商谈纱厂拆迁时的发言》）。

四、聘请退休不久、原在政府从事拆迁工作的两名同志全权代表我司与政府商谈"拆迁补偿"等事宜。

五、制订纱厂搬迁、新厂改造及投产方案。

六、召开职代会，讨论通过纱厂拆迁的相关决议。

七、讨论制订《关于纱厂拆迁发放"欢喜钱"等方面的规定》。

上述方案实施后，效果理想，达到预期目的。一是政府满意。政府所提出的补偿金额，我司当场认可，没有向政府多争一分钱。后来区相关主要领导用我司配合政府拆迁的事例，做其他拆迁企业领导的工作。二是员工高兴。大多数员工开心地说，没想到纱厂拆迁，老板还给我们发钱。三是社会认可。相关拆迁工作人员说，与惟越谈拆迁是最好谈的，没有给政府领导增加任何麻烦；社会上老百姓评价陈总人品好，拆迁还给退休工人发"欢喜钱"；企业恢复生产既快又好，及时安排员工上班，没有因纱厂拆迁而使工人失业。

附1：

我在老工人接待会上的讲话

2017年8月25日

各位老同事：

大家下午好！

首先，感谢你们对我的信任。愿意听我说说话，我感到无比欣慰。

上周五，我没来与大家会面、聊聊，因为有点事，加上考虑到少数人情绪不稳定，来了不好交流，也达不到解决问题的目的。

最近因纱厂拆迁，部分退休工人（多数人是被劝说来的）已分四批来厂，今天是第五批。你们的心情我完全能理解，你们的想法、你们的说法、你们的功劳、你们的苦劳、你们的要求我都懂了。如果你们不来不说，我也是知道的。2017年5月9日，政府拆迁办第一次来谈纱厂部分拆迁的事，我第一个想到的是怎样确保在职工人做到退休；第二个想到的是怎样表达好我对退休工人的心意；第三个想到的是纱厂拆迁，政府补偿的钱不够还债怎么办；第四个想到是如何做好纱厂拆迁工作，尽量让方方面面满意。

今天，我想围绕你们中有的人提出的要求和意见，根据政府拆迁的有关精神，结合企业的实际情况，着重讲三个方面的内容。一是讲我在纱厂当书记、厂长的经历和感受；二是讲纱厂改制的一些情况；三是讲关于纱厂拆迁有关问题的思考。如果我说得有不符合法律法规、不符合事实的地方，请你们指出来，有错误的地方，请你们批评我。

一、我在纱厂当书记、厂长的经历和感受

我是1979年9月6日进纱厂的，1983年12月2日借调到原团结大队负责主持党支部工作。

1985年11月29日原乡党委D书记找我谈话，要求我立即回厂担任纱厂党支部书记。我说现在手中正有几件事要处理，一时走不开。D书记说，鉴于你近两年在团结大队的工作表现和业绩，党委会研究决定，调你回纱厂，纱厂的工作非常需要你，你把纱厂搞好了，要抵10个大队的效益。我同D书记说，党委一定要我回纱厂，我不适宜任书记，避免有些人误会，请求党委重新复议。过了两天D书记同我说，根据你的请求，我们党委非常慎重地在针织厂纺丝大楼四楼会议室又重新召开党委会，通过表决，8个党委委员一致赞成你做纱厂正书记，其余厂级干部职务一律不变。

1988年7月25日，乡党委T书记找我谈话，要我兼任纱厂厂长。我说不行，我一不懂生产，二不懂经营，他说你不要谦虚了，你在团结把两个厂搞得有声有色，安排你做厂长，这是党委集体讨论决定的，也是区领导的意思。实在推辞不了，我只好走马上任。

我当厂长的第二天，我乡一名厂长来我办公室说："陈志凌，我看你这个厂长做不到3个月，自己就要认怂的。"我说我从来没有想做厂长，既然做了，不做3年不坐厂长室（当时坐在党支部办公室），不做5年不站闸西乡。

从我做厂长的第一天起，就感到非常的艰难。一是厂房简陋、部分是危房；二是设备陈旧，当时9632枚细纱机纱锭中，5000锭是某国营纺织厂1978年淘汰的，还有2500锭是某乡办农机厂生产的，故障多、效率低、难操作；三是人浮于事的现象特别严重，当时在职人员796人（大约是现在用工的5倍）；四是企业负债比较多、资金周转十分困难；五是用电紧张，我上任的第二天就停电，以后的20多年中经常避峰用电，特别是夏季，经常停电；六是极少数人对我不理解，在厂内不好好工作、在厂外到处告我的状，有人花高价打车到原区委书记家里诬告我，"人民来信"写到市里、省里、中纪委，还有人出1万元从连云港雇了两个人，要剁我一只手一只脚。后来这两个人到平

潮问那人到底要教训谁,那人说:"教训我们的厂长陈志凌,他太厉害了。"这两个人说:"我们与陈厂长打过交道,他非常实在非常地道,不是你说的那样,我们不可能去教训他。"七是我们与国营、大集体纺织厂一起参与市场竞争确实是太难了。国营、大集体纺织厂人才多、技术好、设备好、资金足、关系多、国家给的优惠政策多、职工工资福利待遇也高。我们乡办纺织厂,没有一家能同他们相比,特别是他们缺少挡车工时就招我们的人,20多年中,我们厂被招走了许多年轻优秀的技术工人。

为了企业生存,在职工人有班上、退休职工有补贴拿,我们千方百计贷款,到区、市、省财政借钱,还通过区税务分局、市税务局的关系借过钱,有时实在没办法还多次向通州某信用社借钱、向其他单位借钱、向私人借钱。与此同时,想办法欠设备款、欠原料款,请客户预付货款,一心一意筹集资金搞设备改造,改建和扩建厂房,征用土地,招聘人才,培训工人,最多时我司负债11000多万元。根据上级税务部门要求,企业每年都要请会计师事务所审计,有一年审计结果亏损700多万元,审计人员同我司财务负责人说:"你们老板现在压力肯定很大。"为了维持企业运转就只有增加贷款、增加融资、增加欠款、多收预付货款,用时间换空间,巧渡难关。不懂的人只说厂里有钱买土地、买设备、建厂房,内行的人就懂得个中情况。时任某国营纺织集团的董事长曾问我,搞技改的钱是怎么筹集的?她认为我们经营利润不可能有这么多。我如实告诉她是怎么想办法筹集资金的。她非常贴心地对我说:"陈总,你步子不能这么大,一旦市场不好,资金链一断,你是无法收场的。"我与她说,企业的富余人员比较多,固定成本比较高,如果不扩大生产规模,富余人员无法安排,企业很难维持下去。过去还有几位被调走的乡领导经常说我在"走钢丝"。我邻居的孩子现在碰到我总会说:"叔叔,我们小时候经常发现你下班回来就坐在沙发上思考,晚上我们做作业再迟总会看到你房间里灯还亮着。"当时我白天只能做正常工作,只有下班后考虑事情、书写解决有关重大问题的方案。那时我经常用歌词"才见波涛,又遇漩涡,风风雨雨谁能躲过?看那潮涨,看那潮落,人世间何处没有坎坷……"来勉励自己。

今天借此机会,说说我当厂长后几次要关厂的事。

第一次是1990年,国务院发文要关停1万锭以下的小棉纺厂。那时厂内管理又比较混乱,有人竟在成包间的纱袋上大便,前纺除尘室火险也发生过几次……招聘一两个技术人员到厂来很难开展工作,企业很难搞下去。我求助某国营纺织厂厂长,起初他不接待我,后来我请我奎枢表哥说情,那位厂长才同意派7人组成的技术咨询服务组进驻我厂工作2年。我厂负责发放这些人的工资,每年向该厂支付咨询费7万元。咨询组来了之后,积极配合我抓管理、抓培训、抓技改、抓改革,才使纱厂慢慢走上正常的轨道。

第二次是1993年,纺织形势不好,我厂每月干部工人工资是由乡政府根据企业完成的产值、销售、利润等指标审核批准的。由于生产任务完成不好,干部工人的收入减少了,人心开始浮动。到年底我找乡党委书记、乡长请求并表态,他们才同意给我们预发点钱,那些原来打算离厂的管理精英和生产骨干才安下心来。第二年纺织市场有了转机,这次危机总算就渡过了。

第三次是2002年,因为乡办企业没有社保,春节后几十名挡车工要去某国营纺织厂工作,企业大部分机台面临关车停产。我找了区劳动局有关领导,他们不同意我们给工人办社保。后来我就找了区委书记,终于从2002年4月1日开始为全体职工转办了社保。在这之前退休的工人没有好参加社保,有些人到现在对我还不理解,认为我是等他们退休了,才开始给工人办社保的,其实这是冤枉我的。

第四次是2014年,纱布厂库存原料、库存产品和应收款累计超过4000万元,银行贷款越收越紧,我们只有采取降价卖产品、缩小生产规模、压缩借留用人员、增加借款、加大清收应收款力度等措施,硬是把厂撑了下来。

在这里,我还想同大家说三件事。

第一,1995年初,乡主要领导要求我们为本乡一家台湾合资企业,在交通银行贷款100万美金的合同上签字担保,先后找我谈话十几次,我坚决不同意。后乡领导责成其他厂级干部签了我的名字,盖了公章。1997年该企业还不出这笔贷款,几位主要领导又多次找我谈话,要我在该企业续贷100万美金的合同上签字担保,我冒着被免职、被调走的风险,仍然表示不同意。最后我被叫到区委常委会议室谈话。那天我着重谈了四点意见,他们觉得我讲得有道理,就不再要求我们继续担保。可是过了一个多月,市交通银行把我们纱布厂告上法庭,要求我们纱布厂承担连带责任。当时他们的贷款合同、担保合同都没有给我们,我们请了律师到交行调取,他们又不接待。于是,我找到区检察院的检察长,请他们帮助我们调查交通银行和该企业之间的不正当关系,以便应诉、摆脱连带责任。结果区委有个特殊规定,不允许检察院找与该企业有关系的银行任何人谈。无奈之下,我请两名检察长、区纪委副书记和我一起去区委主要领导办公室,他们与区委领导详细谈了他们的看法和建议。区委领导还是不同意找交行有关人。在此情况下,我拍着桌子说:"你们不准检察院找银行相关人的规定是没有道理的,银行是帮富不帮穷的,即使我们今天继续为该企业担保了,明天效益不好的企业去银行贷款肯定还是贷不到的。再说我们纱布厂在职和退休一共有1500多人,大部分人是因家庭困难、政府照顾安排进厂的,还有一部分是集资进厂的,用他们的"血汗钱"为该企业还债是根本不应该的,如果纱布厂继续为他们担保,两年后该企业肯定还是还不出这笔钱,我们的工人会把你的办公桌从楼上扔到楼下!"最后这位区主要领导不顾上级和银行等方面的压力,对两名检察长说:"你们就把交行经办人搞搞清楚。"因为交行经办人与该企业确实有幕后交易,最后这场官司我们赢了,没有承担一分钱连带责任。原乡党委书记向原区委书记汇报这件事时,区委书记非常高兴地连声说:"陈志凌有办法。"这样才保住了纱布厂,才有了惟越的今天。

第二,1997年初,乡党委拟调我任闸西乡副乡长、分管工业,我没有去。当时我想到的是招聘来厂的那些人,应聘前他们都问过我一句话:"我来了,今后你被调走了,我怎么办?"当时我都坚定地回答过:"不可能!我一定与你干到退休。"我不能食言。如果我到乡政府工作,纱厂和十一厂的发展必然会受到一定的影响。我把我的想法和纱布厂内外部情况,向乡党委领导做了详细汇报。他认为我说得有道理,最后乡党委讨论决定让我兼任乡党委委员、乡长助理,不要求我到乡里上班,只要求我参加乡党委会、乡长办公会。

第三,1997年5月,我一位非常可靠亲密的朋友多次劝我与他搞房地产开发,我没有同意。当时我想搞房地产开发肯定能赚钱,但我绝对不能不顾厂里的工人去赚这个钱。2017年5月2日,劝我搞房地产的好朋友与我闲聊时说:"老哥啊,你以前不听我的,如果与我一起搞房地产,现在你至少有几个亿,还不要这么辛苦,我知道,现在纺织厂非常不好搞。"

以上所说的三件事,可以证明我陈志凌对工人负责的话不但说在嘴上,而且记在心里、落实在行动上。我之所以这样做,可以说是父母教育我的结果。从我懂事起,父母就不断地对我说,为自己想的时候也要为别人想,千万不能亏待别人。

二、纱厂改制的一些情况

1998年5月2日上午，时任区委书记和乡党委书记到纱厂来找我谈话，要求将我们企业改制为私营企业，在全区带个头。当时我一口回绝，我对他们说，企业改制了，风险责任全在我一个人身上，赚了钱我用不了、亏了本我赔不了、搞不好我走不了、做到70岁我还不好退下来休息，因为有工人、有贷款、有负债。再说女儿不愿意接我的班，她想自己创业。而其他人也不会愿意接我的班，因为像我们这些小型纺织企业将会越来越难。

之后，区委指派分管工业的区长来做我的工作，我还是没有同意。接着区委、区政府把做我工作的任务交给了闸西乡党委、政府，不知谈了多少次。直至2000年6月30日，时任乡长把他已签好字、盖有原闸西乡农村集体资产管理委员会公章的我司《财产出售合同》，拿给我签字盖章。我仍然不同意。乡长对我说："这是区委领导的意思，你今天必须签字，今后企业如有什么困难，政府不会不管、也不会把困难丢到你一个人身上。"在这种情况下，我才在《财产出售合同》上签了字。就这样，我在承担棉织十一厂所有负债后，我用贷款向乡政府买下企业所有净资产。

企业改制后，我承担了企业所有负债，每月向乡政府上缴土地、变压器、自来水设施的租赁费6万元，在职工人全部由我负责安排，我主动承担了你们中没有好参加社保的300多名退休工人每月生活补助费、困难补助和医药费报销，每年春节前给每人发放350元慰问金。我没有按照原闸西乡党委1998年14号文件执行，没有与你们实行有一年工龄补贴59.5元的工龄买断、与企业彻底脱钩的办法。这是因为我与你们老同事还是有感情的。你们应该非常清楚，我乡其他乡办企业，有哪一家像我厂这样做的？

因为《财产出售合同》中所涉土地及供水、电设施的使用之权利和义务不明确，加之有些事情根本没有约定，企业承受的额外负担比较重，所以在2012年5月24日，政府又与我签订了企业改制的《补充协议书》，这才完善了企业改制合同。

三、关于纱厂拆迁有关问题的思考

第一，表明我的态度。

（一）这次纱厂拆迁，如果政府有补偿给退休工人的钱，企业绝不会克扣一分。

（二）凡是没能领到社保养老金的老退休工人，企业每月发放的生活补助费和春节慰问金，绝不会因纱厂拆迁而少发一分钱，至于提高问题，待拆迁谈好后再讨论研究出台相关规定。

（三）虽然政府没有要求我们补贴钱给退休工人缴居民医保，但我们决定纱厂拆迁后，现在享受居民医保补贴的退休工人，今后继续享受补贴。

（四）纱厂拆迁后，在厂一直做到退休的工人，只要在这次拆迁过程中，不制造、传播谣言，不煽动、不唆使、不组织、不策划、不指挥他人闹事的，企业酌情对他们发放"欢喜钱"。

纱厂拆迁，不仅使我在经济上得到减负，公司还债有了来源，而且使我在精神上得到减压。说实话，我觉得只要我在纱厂做厂长一天，就是一只脚踩在监狱里面，一只脚踩在监狱外面。因为我司现在还有7000多万元的负债，一旦市场不好，还不出贷款、还不出向私人借的钱、发不出工人工资，我是会坐牢的，这方面的事例比较多。所以说，纱厂拆迁我高兴，老同事肯定也会为我高兴。虽然法律没有规定、政府没有要求纱厂拆迁要发钱给退休人员，但是我决定一定要发"欢喜钱"给你们，具体发多少，等补偿款到位后，企业会及时讨论研究，明确发放的金额、时间、办法、对象。不过大家期望值不要过高，因为企业的负债太多、涉及的人太多，还要投资改造新厂车间、继续生产，安排好在职工人，等等。

（五）凡是辞职的人员，不管什么原因、什么时间离厂的，一律不享受纱厂拆迁的"欢喜钱"。

各位老同事，纱厂拆迁，我不可以向政府漫天要价，所要补偿必须合情合理，要有法律依据（哪部法律、哪款条文规定）、政策依据（哪级政府、哪一年、哪个文件规定）、事实依据（以前拆迁的企业是怎样补偿的）。如果哪位老同事知道哪家企业拆迁，退休工人有补偿的，请你们在本月底之前写清楚交给纱厂办公室主任。上周二，我听人说有几家砖瓦厂拆迁，退休工人有补偿。上周六，我向政府有关人员了解到砖瓦厂拆迁属政策性关闭，政府对关停的长江两岸砖瓦厂明确规定了在职工人安置办法和退休工人补偿办法。如果哪个老工人能找到省市有关私营纺织厂拆迁、补偿退休工人的文件就更好了。

各位老同事，我64岁就在眼前，不好不顾脸面地同政府争吵。我非常想给自己的工作画个圆满的句号，搞好方方面面的关系，年纪大了出来走走不给人家指指戳戳，给自己在社会上留个比较好的名声，给子女、亲友、同学、同事、邻居、合作伙伴留个比较好的印象。

第二，说明四件事情。

今天在这里说的四件事情，实际上过去公司相关干部都已向你们解释过了，现在你们中有人重新提出来，我认为有必要在这里再一一加以说明。

一是关于二船闸扩建、人员安置费4000元的问题。市政府有过文件规定，二船闸扩建工程需要安置的人被哪个单位接受，哪个单位就可以得到每人4000元的补贴，但要确保被安置人做到退休。被安置人退休了，不应再提安置费的问题，而且被安置人在职时和退休后享受的伙食补贴比其他工人多。

二是关于因失地而享受社保待遇、企业停发生活补助费的事。这件事已向有关人员说明过，也得到了大家的认可。2012年以来，我们一直是这样做的。因失地而享受社保待遇本身就充分说明，你们是乡办企业的退休人员、是农民。你们没有田种了，所以政府对你们进行安置，解决你们养老问题，而没有要求你们原工作单位负责。《南通市市区征地补偿和被征地农民社会保障办法》第18条明确规定："享受企业退休职工基本养老金的被征地农民，不重复享受被征地农民生活补助费、养老补助金、供养直系亲属定期救济费、因工死亡职工供养亲属抚恤金和城乡居民基本养老金等社会保障待遇。"

三是关于城镇户口人员自己出钱参加社会保险的问题。这部分人在厂里提取档案时，都与厂里签过《协议》。《协议》中约定，你们办理社保后，将纳入社会化管理服务范围，与厂脱离关系。

四是关于八一村十五组村民带田进厂的问题。过去纱厂租用十五组的田，不仅安排十五组人员进纱厂，而且每年按照政府规定支付村民小组青苗费。2010年，纱厂土地"使改征"，不仅按照国家标准支付了出让金（比同类型企业每亩土地多给7万多元），而且支付了组级补偿、地上附属物补偿和村级补偿，共计130多万元。所以说纱厂用十五组的田，该安排的人都安排了、该给的钱早已给足了。

第三，声明我的愿望。

现在，如果有人愿意接受纱厂转让，我愿意完全退出，不拿走一样东西、一分钱。有意接受纱厂转让的人，要负责还清纱厂所有债务，安置好在职的所有工人，发放好退休工人生活补助费等，并要服从政府规划，在政府规定的时间内把纱厂腾空搬清。请真心实意接受纱厂转让的人，在 2017 年 9 月 5 日前，拿出详细、规范、完整的接受纱厂转让方案，给纱厂工会和港闸经济开发区负责人审阅，他们同意了，我就和接受人签订《纱厂财产转让协议书》，并请纱厂工会负责人和港闸经济开发区主要领导在《纱厂财产转让协议书》上签字见证。我所说的这些话不是假话，也不是气话，因为小型纺织厂前途渺茫，因为纱厂拆迁涉及的方面太多、涉及的人太多、涉及的矛盾太多。我参加工作 43 年，从来没有遇到过这样复杂、棘手的问题。

2015 年年底，棉织十一厂就有退休人员写信给区公安分局。他们说："平常厂里有困难，所以我们不找厂里麻烦，今后如果惟越拆迁，我们是要钱的。因为十一厂和惟越是一个老板，厂里有了钱应该和我们大家分，否则我们是要闹事的，先和你们公安分局打个招呼。"大家都晓得，找厂里要钱的理由就像到纺织厂车间里找花丝一样容易。我已办理退休手续多年了，不想再费什么心思，不想再得罪哪个人了（包括过去告我状、反对过我的人），现在有人愿意接受纱厂转让，我求之不得。

上周我听说，有人打电话给老工人，谎骗已辞职离厂的人（甚至是 38 年前离厂的）到厂里来。说纱厂拆迁，过去在纱厂工作过的人都有钱分，快到厂里登记，现在已经登记了 800 多人，不去登记就没有钱拿，不肯来厂的人还要挨骂。在这里我想提醒个别人，不要再动歪脑筋唆使不明真相的人到厂里来了，也想提醒老同事们不要再被个别人忽悠、利用。如果你们轻信谣言来厂，万一出了问题，厂里是不可能承担责任的，叫你来厂的人也不会给你钱的，只有你自己负责。我认为有道理的事，一个人一句话就行了；没有道理的事，哪怕是一千个人、一万个人、一千句话、一万句话也没有用。2012 年，某国营纺织厂部分工人为企业改制的事，堵了厂里所有大门、关停机台几个班，最后的结局是闹事的人没有得到一分钱，反而有几个"厉害人"进了看守所。现在是法治社会，任何人都必须依法办事。

目前，纱厂才开始进行资产登记、评估，究竟什么时间结束、补偿多少钱、具体什么时间拆，我都无法知道。今后，如果再有人来厂和我说纱厂拆迁、要钱的事，我确实没有时间再重复今天所说的内容。

各位老同事，我在纱厂任职期间，如果你们认为我有什么做得不好的地方,敬请你们多理解、多谅解、多包涵、多担待。如果现在还有人不理解、不满意,可以通过合法途径,解决你想要解决的问题,达到你想要达到的目的。

各位老同事,我们在纱厂合作共事,少则几年、多则几十年,可以说都有不同程度的情谊。站到我业主的角度,理应为你们老同事多想想;你们作为我的老同事,也应站到我的角度多想想。大家换位思考,我相信纱厂拆迁带来的问题就容易解决了,我们之间的友谊就会长存。

附2:

给P顾问的回信

P顾问:

你好!

你在来信中把你最想说的话写出来了,这也勾起了我与你过去合作往事的回忆。根据你的来信、所发的信息和社会上有关你这次来信内容的议论,我理应把有关情况和我的想法回信给你,以便我们能更好地尊重事实,澄清社会上对我与你过去合作方面的非议,加深彼此之间的理解,消除误解。

下面着重围绕你的来信,我写了七个方面的内容。如有半句不实之词,请你不要客气,一针见血地指出来。今年我已64岁了,说假话没有必要,也不应该,更没有用。

一、聘用你的主要经过

你退休前,就是我厂"星期天"工程师,我厂按照约定给了你相应报酬和待遇。你也当过其他几家纺织厂的"星期天"工程师,他们给你的报酬和待遇,你肯定比我清楚。

你临近退休时,我真诚地聘请你当我们企业的管理顾问。当时你告诉我,也有几家想聘请你去,最后你决定到我们胜利纱厂来。用你当时的原话说,一是看重我的人品和敬业精神;二是我们开出的报酬待遇比其他几家高得多。如你对我这句话有异议,可以把其他几家当时开给你的报酬待遇原件拿出来看。如你拿不出,这方面的话今后就不宜说了。

聘用期间，你曾多次和我说，如果去某县政府当顾问，工作肯定很难开展，因为县委书记、县长不可能都听你的；如果去观音山某某毛纺厂也不好，一是某某某做的是毛纺，你一直做的是棉纺，二是某某某是跑江湖的，待人没有我这么诚恳。

二、履行《招聘合同》的情况

1995年6月1日，通过友好协商，我与你签订了《招聘合同》，闸西乡政府予以鉴证。

《招聘合同》中，关于你来厂后的报酬、待遇和双方的权利、责任、义务都做了具体约定。

当时你对合同中享受的报酬待遇是非常满意的。我厂倍捻线开发成功，一次性奖励你5万元。你来厂前，我与你商定后，为你在长虹新村买了一套住宅商品房。1995年10月，你嫌长虹新村偏僻，我厂付了1万元违约金，把长虹新村的房子退掉，重新为你在原新亚商场后面的万象东园买了一套。当时我找了房屋开发公司老板，房子位置、层次让你自己挑选，最后你选中了万象东园最东南的第X幢XXX室，直对人民路。当时你和你的家人都非常开心。

《招聘合同》之外，给你及你家属的实惠：

你离开我厂后，虽然没有为我厂做一点事，但是我厂继续发了22个月的原工资给你；

你在厂工作期间，上下班及其他用车（特地买了奥迪轿车）是我厂包的，你随时都有车用。你每天中午的工作餐是食堂工作人员端到你办公室的，标准是10元—15元，其他科室干部的标准只有1元左右；

你在厂工作期间，每月红塔山的香烟至少3条，有时4条，你方方面面的朋友来厂，我们招待的情景想必你没有忘记；

你在厂工作期间，做主为某某某加工并线，每吨加工费要比市场价便宜200元—400元，最多时便宜600元，一共帮某某某并了几百吨线你是清楚的；

你爱人于1978年在某单位退休后，一直在我厂工作，享受中层干部待遇。2000年8月起，你爱人因私事不能上班后，我厂一直按照当时每月730元的标准发放工资至现在，从2018年8月起每月再增加200元，这次拆迁"欢喜钱"还照发，这完全是看在我们过去合作的情分上；

你爱人在市一院、上海养老院、苏州养老院、南通康复医院、南通阳光公寓等地方治疗、养老，我们夫妇都去探望、给钱、送慰问品，每年中秋节、春节都去看望她，还给钱；每年春节前，我一直委托我侄儿向你拜年、给钱。

……

在这里我不想再一一列举，用你当时的原话说，你在我们胜利纱厂工作3年的总报酬待遇超过了你在原单位工作30年的总报酬待遇。

综上所述，我厂给你的报酬待遇远远超过《招聘合同》中的相关约定，不曾有一点没有履行。

三、你坚决离厂的前前后后

2002年4月下旬，你正式向我提出离厂。我非常真心地挽留你，多次与你交流沟通，并请其他厂级干部和与你关系特别密切的科室干部做说服工作，当月底我还请我的助手把你小儿子约到某某某家进行劝说，可惜这些努力都没有起作用。你小儿子反而对我说："我爸爸帮人家出一个点子就是40万元；你叫我爸解决毛羽纱问题、开发包芯纱产品，他有压力；我爸帮了你几年忙，也应帮帮我的忙，我和某某某是好朋友，我爸已经答应了去他那里、肯定要去的……"

2002年5月2日上午，你在办公室把辞职信给了我，信中主要说了三层意思：其一，某某某听了你的话，已把围墙砌好了，决定上马10万纱锭，你说一定要帮他做成南通市一流的纺织厂；其二，你帮了我几年忙，也要帮帮儿子的忙；其三，你决定的事无人能改变，叫我不要再做你的工作。你说你过会儿就走，某某某的小轿车已到了厂门口在等你。

当时我非常真诚地和你说，我与你是"黄金搭档"，你不要走，我们合作一直很好。你明年70岁生日，我买部桑塔纳轿车送给你，请你小儿子帮你开车，你一口拒绝。我说你实在要走，我只有坚守阵地。你哼了一声对我说："我看你在这里是很难坚持下去的。"

你走后，我发誓一定要把企业做得比你在厂时要好。当天下午，我就看了几处待出租的厂房，想扩大倍捻线生产。因看了出租厂房不如意，我就找了原闸西乡政府领导，征用了近50亩土地，建了近2万平方米的厂房，所有的资金全部靠贷款和融资。最多时我司负债11000多万元。知道这个情况的领导和朋友都为我捏了一把汗，一直都说"陈志凌在走钢丝"。父母健在时，我每次回家，父亲就对我说："你步子不能跨这么大，每月要付50多万元的利息，太可怕了。"我母亲经常问我"厂里还欠多少钱"，我总是少说点，安慰她。平时他们都非常省，连自来水都尽量少用，有点钱都放在我厂使用。父母在世时，每当企业特别困难时，我总要回家看看两位老人，暗自发誓，一定要想方设法解决困难、化解危机，不能让企业关门，更不能让父母跟我受罪。近几年，我女儿、女婿收入很高，但他们非常节约，连我外孙理发，多数是我女儿替他理的，他们积余的钱都放在我厂使用。我岳父曾经问我："听说你厂里负债很多，现在究竟欠多少钱？"我告诉他真实数字后，他大吃一惊。

P顾问，你离开我厂2年后，我厂通过广大干部职工的共同努力，生产规模扩大了80%以上，主要经济指标翻了一番；"毛羽纱"的问题解决了；"包芯纱"也开发得比较成功，最多时"包芯纱"年产量达到2600多吨。

你到某棉织厂帮忙已有16年了，听说工作比在我厂时辛苦，至于你拿了多少报酬，享受了哪些待遇，你现在工作的单位运行状况如何，你现在工作单位的干部员工对你怎样评价，我也略知一二。

你在来信中写道：新厂的厂房建得太高太大，不符合纺织厂常识。在这里我告诉你，新厂厂房全部是按照生产倍捻线的工艺要求建的。某某某原租厂房拆迁后，请区领导做我的工作，执意租用我们新厂的厂房，她认为我厂厂房非常适合生产倍捻线。她租用我们新厂厂房7年后，买了与我们新厂厂房差不多的机械厂厂房生产倍捻线。

四、提醒你回忆五件事

（一）1995年某厂向我厂借了110万元，用劣质粘胶抵债，我多次与他们交涉无果后就上诉至法院。当时你应了人家的请求，反复做我的工作，要我撤诉，并对我说："志凌，你弄不过某某某和某某某的，他们在港闸区的势力不知比你大了多少倍。"当时我和你说："某某某能把黑的说成白的，我陈志凌一定能把白的说成白的，他们不给钱我是坚决不撤诉的。"结果某厂请时任分管工业的区长、区政法委书记、某乡工业公司经理等人将110万元汇票送来，我厂没有收取利息和相关费用。P顾问，你是否想过，我厂真撤诉了，某厂会还钱吗？

（二）1996年闸西乡党委、政府领导反复做我的工作，要我接管棉织十一厂，当时我坚决不同意。原因是十一厂7年之间已换了四任厂长，厂被搞空了（经审计负资产610万元）、搞乱了（工人上下班都不正常），我绝对不能去。你反复做我的工作，并向我承诺：志凌你放心，我帮你组织一套班子陪你去十一厂，肯定没问题。结果我听了你的话，提前三个多月与你推荐的5个人座谈交流，并同他们说："你们如果真心与我一起去接管棉织十一厂，请你们不论采取什么办法，一定要把十一厂的实际情况摸清楚，究竟能不能去？一旦我们决定去了，以后是不好反悔的。"过了二十几天，我请你约这5个人来纱厂吃饭，他们都说十一厂能去、没问题。当年7月30日，闸西乡党委宣布我兼任十一厂厂长，同时我也宣布了事前与你商量好、他们本人也同意的任职决定。结果第一天上班只来了3个人，第二天就跑了2个人，抓工艺技术、运转管理、设备管理的全跑光，只剩下已退休、原某厂做供销计划的一个人留下来，这人认为产品销售工作很难做，过了一段时间也走了，至今我一直没有能解开这个谜。我想这个谜只有你能解。过了一段时间你同我说："志凌，目前十一厂的事比较多，你就在十一厂坐镇，纱厂交给我管理，你开个厂级干部会宣布一下。"又过了一段时间你不同意纱厂借钱、赊纱给十一厂。再过了一段时间你多次做我的工作，要把十一厂关掉，一个月贴10万元给十一厂发工资。你应该知道我当时是根本不想去接管十一厂的，听了你的话我去了，可怎么能轻易就把这个厂关了呢？如果十一厂真的关了，我向乡党委政府怎么交代？十一厂600多名工人怎么安置？我为十一厂在外借的1600多万元谁还？你听后向我发火说："十一厂不关，会把纱厂拖垮的。到那时看你陈志凌往哪儿跑？我没事，一有退休工资拿、二有人请我。"

　　我听了你的话，接管十一厂22年。因为纺织市场持续疲软、十一厂基础太差、相当一部分技术好的年轻工人大多被国营、大集体纺织厂招走了，我的工作一直是非常艰难的，我背了无数个"黑锅"、做了无数个"冤枉对头"。为了对组织负责、对职工负责，我一直想方设法、苦苦挣扎、勉强维持到现在。如果当时不听你的、我不去十一厂，如果我把在十一厂用的时间、精力、资金花在与我好朋友（你也熟悉）搞房地产开发上，不知赚了多少钱。我朋友一直和我说："大哥，你不听我的，如果你当时听了我，搞房地产开发，现在不用吃这些苦。当时我没有钱，请你帮我在银行贷了100万元，现在我赚了近1个亿。你融资比我有条件、有办法，如果你搞房地产赚的钱肯定是我的几倍。"

（三）2001年底，纱布厂库存产品比较多，你说某厂棉纱销售员某某某想来我司帮忙搞销售，纱布厂只要用她一个人就够了，现有的十几个营销人员可以一个不用。P顾问，你同我说这些话时有没有想过，在职的十几个营销人员怎么安排？某某某一个人真正能把纱布厂销售工作做好吗？如果做不好会给企业造成什么后果？当时我没有听你的，你很不高兴。

（四）2000年6月纱厂改制，你多次同我说："某某某、某某某多么有本事，向政府租企业，不出钱买企业，好做就做，不好做就把企业还给政府。"十几年的实践证明，你当时的建议是绝对不正确的。

（五）2002年初，公司替全体在职员工缴"五保"，当时你竭力反对。你多次和我说，一个月企业能赚多少钱，帮工人缴社保多花多少钱。P顾问，你有没有想过，如果当时不替工人缴社保，惟越还会有今天吗？

五、关于你帮我厂买设备一事

1995年1月，你和你的爱人及某厂设备科科长，陪我跑了3个省去买纺纱设备，这件事你确实起了一定的作用。但是，不是你信中说的那种情况："一分钱货款没有付，设备全到了厂。"当时陕西宝鸡并条机、四川成都粗纱机都是款到发货，山西某纺机厂是先汇70%的设备款、30%的余款延迟6个月付、利息照算。当时商谈细纱机合同具体条款，某纺机厂销售科科长说，春节前搞不到火车车厢不可能发货。我同该科长说："你们厂是这个地方的大厂，你们出面做工作，一定能搞到火车车厢。"当时我边说边从行李箱里拿出1万元活动经费给销售科长，事后他退回6000元。当天下午下班前，该科长就来到我们住所高兴地说："火车车厢弄到了，腊月二十九装车发货，大概正月初四就能到你们厂。"那天夜里同我睡一个房间的某厂设备科长说："陈厂长，还是你有办法，你不给点活动经费，春节前肯定发不了货。"

六、企业改制的真实情况

1998年5月2日上午，时任区委书记、乡党委书记到纱厂来找我谈话，鼓励我当"红色资本家"，要我在全区带头改制，当时我一口回绝。我对他们说："企业改制了，责任风险全在我一个人身上；管理严了，干部工人会认为我为了发财，把他们抓死了；管理松了，企业肯定搞不下去；再说企业改制了、赚了钱我用不了、亏了本我赔不了、搞不好我走不了、做到70岁我也不好退下来休息；请你们放心，企业不改制我也会像改制的企业那样管理。"之后历时两年多，区、乡领导又做了我无数次工作。2000年6月30日，时任闸西乡乡长拿了他已签好字、盖了原闸西乡农村集体资产管理委员会公章的我司《财产出售合同》，要求我签字。他说，区委要求我们今天一定要做好你的工作，今天你一定要在《财产出售合同》上签字。就这样，我在承担棉织十一厂所有负债后，用贷款向乡政府买下企业所有净资产。

企业改制后，我承担了企业所有负债，并每月向乡政府上缴土地、变压器、自来水设施租赁费6万元。我负责安排好在职工人，主动承担了没有好参加社保的300多名退休工人每月生活补助费、困难补助和医药费报销，每年春节前给他们每人发放350元慰问金。我没有按照原闸西乡党委1998年14号文件执行，没有与他们实行有一年工龄补贴59.5元的工龄买断、与企业彻底脱钩的办法。

因为《财产出售合同》中所涉土地及供水、电设施的使用之权利、义务不明确，加之有些事情根本没有约定，企业承受的额外负担比较重，所以在2012年5月24日，政府又与我签订了企业改制的《补充协议书》，这才完善了企业改制合同。如果是你信中说的那种情况，纱厂改制这么多年，上级职能部门不会来查吗？如果纱厂改制有问题，我陈志凌还会有今天吗？

七、纱厂拆迁的相关情况

纱厂是拆除搬迁，不是拆除解散。2017年5月9日，因新华北路（含绿化）工程，要拆纱厂一部分前纺车间及我司购买的原乡政府办公楼；2017年7月20日，因港闸路改造工程，要拆除整个纱厂。政府与我司数轮商谈中，相关领导多次明确说明："纱厂拆迁后可在三个区（港闸区、崇川区、市开发区）另租厂房继续生产，自行安排好在职员工；政府不可能对在职人员进行安置补偿，更不可能补偿退休人员、离厂人员；纱厂拆迁的每一项补偿，都必须符合相关政策规定，纪委、监察部门全程参与。"拆迁补偿款到位后，需还贷款、借款，支付应付款、投资新厂改造、支付设备搬迁费和停产期间员工工资待遇等。

2017年8月25日，100多名退休老工人为纱厂拆迁要钱的事，来厂与我交谈。我同他们说，纱厂拆迁涉及的人太多、事太多、情况非常复杂，拆迁的补偿款肯定还不清企业的负债，我不想发纱厂拆迁的财。如果你们哪个人现在愿意接受纱厂，请在近一个月内拿出详细规范可行的接受方案，同时负责还清企业所有负债，负责安排好所有在职员工，负责处理好方方面面的事情，厂工会同意、政府认可，我就把纱厂无偿转让，绝不拿走一分钱一样东西。

P顾问，你在来信中倒数第三段写道，（纱厂拆迁）"是你兑现历史承诺的时机"。

P顾问，纱厂拆迁我不可以向政府漫天要价，拆迁补偿款是绝对还不清企业负债的，预计纱厂拆迁后还有1000多万元的负债。再说纱厂拆迁后要搬到新厂继续生产，需要投入大量资金对新厂进行全面改造、拆运和安装设备。虽然我承诺在你70岁生日，送桑塔纳轿车给你，但是前提是你不离开我厂、不去某棉织厂。

P顾问，我们纱厂是1962年创办的，至今已有56年历史。我在纱厂做党支部书记32年，做法定代表人30年，先后招聘10多人，聘用管理人员100多人，退休和辞职离厂的1000多人。可以说有许多人都曾为我厂办过事、帮过我的忙，但我确实没有能力、没有办法考虑这方面的问题，也敬请你理解。

P顾问，你来信的第一句是"久未会面，变生疏了"。你是否记得我曾正式发请柬邀请你参加我女儿的婚礼，可你事前根本没有透露一点不来的消息，不知何故，你最终还是没来，你说我们怎么会不生疏？

在这里，我想同你说两句你老同事、老朋友也曾与你说过的话：当时你不该离开我厂，更不该……如你不走，不……你及你的家庭绝对会比现在好得多。

P顾问，你这次写信给我，可能不完全是你的本意，也许有外部的因素、他人的作用。你信中有些内容，很可能有你记忆上的差错。我完全能理解你。

恭祝：
健康长寿、生活愉快！

陈志凌

2018年5月16日

附3：

我与港闸经济开发区拆迁办商谈纱厂拆迁时的发言

2017年9月25日

各位好！

  企业拆迁是一项专业性、政策性非常强的工作，也是一项比较棘手、复杂的工作。对我们企业而言，拆迁是一项全新、陌生的工作。

  为了既快又好地配合政府搞好纱厂拆迁，维护企业合法权益，我们特地聘请了你们的老同事H主任和我们纱厂的老书记，代表我司与你们商谈纱厂拆迁工作。这样做的目的有三个：一是确保企业拆迁的每一笔补偿有理有据、合规合情，经得起审计；二是尽量减少和避免企业在与政府商谈补偿问题时盲目争论和时间上的浪费；三是确保企业拆迁补偿，该得的不宜过少，不该得的一分钱不要，不给领导为难。我司将本着"平等、客观、友善、圆满"的商谈精神，全力以赴地配合政府搞好纱厂拆迁工作。

  下面，就请H主任从企业拆迁的专业角度代表我司发言。（略）

第二篇 业中文稿

一个人走上社会，从业干事离不开文化的支撑。要化解人与人、人与社会的各种矛盾，要做好各项工作、处好各种关系，必须依靠文化的熏陶、教化，充分发挥文化的引导、凝聚、润滑、整合作用。我在职业生涯中，遇到过许许多多的人和事，碰到过各种各样的难题，写过不同类型的材料，中央、省、市新闻媒体也分别采写过我的相关想法、做法和体会，在这里遴选了其中的一部分。

推进企业管理创新 不断适应全球经济
—— 在港闸区经济工作会议上的发言

2001 年 6 月 9 日

随着市场经济日益全球化，推进企业管理创新、提高企业管理水平显得格外重要。多年来，我们惟越集团致力跟上时代发展步伐、大胆探索、锐意创新、勇于实践，着力在"管好人、管好事、管好钱、管思想"等方面求突破，努力使每位员工，特别是企业的各级管理者，更新思想观念，强化创新意识，提高职业道德水准和业务技术素质，有效地增强了我司健康发展的动能，精神文明建设和物质文明建设不断取得新成绩。2000 年实现销售 1.12 亿元、利税 627 万元、人均收入 8126 元，分别比 1999 年增长 16.6%、18.3% 和 12.7%。产品被省乡镇企业局评为"名牌产品"，企业被评为市明星企业、市双文明单位、国家农业部质量达标企业，产品畅销日本、韩国、美国、菲律宾等国家。2001 年 1—5 月份，主要经济指标实绩比去年同期增长 17% 以上。

我们在推进企业管理创新、适应经济全球化方面的具体做法如下。

一、管好人

一位哲学家曾说过："人是一切的中心，世界的轴。"企业管理，说到底就是对人的管理。对人的管理，最重要的有两个方面：一是对人的思想观念、行为规范、技能培训、潜能发挥；二是管理人的艺术。

在"管人"过程中，我们主要抓了以下几个重要环节：

企业领导首先要管好自己。政治上严格要求、清正廉洁、克己奉公、忠于员工、服务员工，致力于自己的事业；工作上勤勤恳恳、任劳任怨、科学管理、敢闯敢超、开拓创新、注重实效；业务上刻苦钻研、精益求精，不断提高自己的政治、理论、业务、决策水平和领导艺术水平，学会抓重点并用简单的方法处理复杂的问题，同时注意避免和减少对企业管理不利的应酬。由于干部身先士卒、严于律己，绝大多数干部受到员工的好评和爱戴，每年年终群众测评中，绝大多数干部得分很高。

招聘"能人"参与"管人"工作。我司先后在国营大厂招聘了享受国务院特殊津贴的纺织专家、高级工程师、注册会计师、工程师、全国劳模、大学本科生、营销人才、管理人才、操作能手等十多人，极大地促进了企业改革、管理创新、技术进步、产品开发、适应市场等工作，把全体员工的素质也提高到了一个新水平，使我们一个名不见经传的乡镇纺织厂驶入快速发展的轨道。

减少管理层次，加大管理力度。通过"撤、并、带、转、兼"等办法，将原有的"八科二室"合并为生产部、经营部、行政部，精减干部三分之一。3个部门的负责人分别由公司的总经理和党总支副书记兼任，各部之间有效分工，紧密合作，大大改善了公司经营管理和决策机制。

生产组长以上的管理人员实行"毛遂自荐、竞职演讲、差额选举、无记名投票"，先后使17名优秀的年轻工人走上了班组管理岗位，21名不称职的管理人员转岗到了生产一线。

改革用工制度，严格定员、定岗、定责、定编，在全体员工中实行"双向选择、择优录用"。没有被录用的人员通过学习再自找岗位，没有班组同意接受的人员，可以留职停薪一年到外单位工作。一年后想回厂工作的，本人书写复岗申请，写明过去的不足、表明回厂后的态度，自己联系同意接受的班组。与此同时我们还跨部门、跨工种实行"兼并带转"，2001年以来就减少非生产性人员62名，生产效率提高了7%以上。

通过制订《管理人员工作规则》和《职工守则》等办法，不断规范干部职工的行为，使大家逐渐懂得应想什么做什么说什么，不应想什么做什么说什么，从而提高了干部职工对搞好企业的认识和做好本职工作的自觉性。

对严重违反厂规厂纪，给企业生产、经营、管理造成影响的人和事，一律责成当事人写检查，并通报处理。前几年，一名干部利用乡领导亲戚的名义，在购买厂内废旧设备时，偷走了空调室闲置的风机底座，厂部责令其写检查，扣除年终奖金1000元；对一名喜欢在班中喝酒、多次教育无效的中层干部进行了降职处分。最近生产部责成一名长期工作不认真、喜欢同领导顶撞、喜欢为落后群众说话的设备管理干部写检查，效果比较好。他在检查中这样写道："在我分管的工作中经常出现问题，说明我平时工作虚浮、不踏实、不能严格要求自己，经常给生产带来一些不应有的影响。从今以后，我一定认真吸取教训，杜绝此类事情的发生，并通过努力，使自己分管的工作有一个新的突破。请领导相信，我不会辜负大家的希望，一定以出色的业绩来证明一切。"一个落后的生产组长在检查中这样写道："过去，领导指出我的问题，检查工作扣我分时，我总是不能虚心接受，总要讲客观原因、发牢骚，总认为这样才痛快。结果造成上级与下属对我都有看法、班组之间产生矛盾、使我的工作不能顺利开展、班组竞赛总落在后面，奖金少了组内工人又埋怨我。我作为一名受党教育多年的党员、退伍军人、老生产组长，管理中出现这么多的问题是不应该的，说明我平时思想落后、缺少学习。从此以后，我决心改正缺点，奋起直追，坚决把我们小组的各项工作搞上去，请各位领导和各位同事看我今后的实际行动吧。"

对干部我们是这样抓的，对工人也不例外。前几年先后有4名落后青年工人经常违反厂规厂纪、不完成生产任务，哪个干部批评他、考核扣他分时，他就与哪个干部吵，还有的干脆到干部家中闹事、威胁干部。结果没有一个部门、一个班组愿意接受他们。在这种情况下，厂部成立了由生产部、厂办、工会组成的联合调查组，对他们进厂以来的表现，特别是错误都一一查清，形成书面材料，最后厂领导分别同他们见面。在事实面前，他们认识到自己的错误对企业管理的危害性，主动写出深刻检查，保证今后不再犯类似的错误。通过一段时间的努力，他们劳动表现变好了、技术水平提高了，有的近几年连续被评为先进生产者，有的成为班组骨干。

总之，通过采取一系列办法，公司员工的思想观念不断更新、行为不断规范，企业管理不断深化，企业面貌不断改观。

通过"委培、代培、内培"、举行操作技术练兵比武、考卷测试等形式，大多数员工的业务技术水平达到了国营纺织厂员工的水平。

二、管好事

企业要管的事确实太多，大事小事，长远的事、眼前的事，全局的事、局部的事，集体的事、个人的事都要管好。多年来我们主要抓了企业最关键、最根本、最长远、员工最关心的一些事。

（一）实施设备改造，坚持科技兴厂。前几年我们通过积累——改造——再积累——再改造的方法，淘汰了1895年英国制造的纺纱设备，先后新购了数千万元的国产纺纱设备。2000年又投资了数百万元购买了精梳机、并纱机、倍捻机。60%的纱和100%的线实现了无结头,高档精梳纱线占总产20%以上,坯布直接出口与间接出口达50%以上。

(二)狠抓产品质量,推行名牌战略。当代的企业完全是靠优质产品走向市场的。因此我们通过开会、出黑板报、搞纱疵和疵布展览、张贴漫画、书写标语、组织质量方面的知识竞赛和征文演讲等形式,深入而广泛地开展质量意识教育,不断修改和完善质量管理制度,竭力强化质量监控手段,使质量管理水平稳步提高。2000年以来,纱、线、布一等一级以上品率一直保持在100%,深受客户好评,市场供不应求。

(三)巩固开拓市场,加快新品研发。2000年公司组建了产品进出口部和新产品研发中心,选调了一名原主管生产技术的副总经理负责。为他配备了电脑、电话、传真机等设施,并拨了新品研发经费,选配了精干得力的工作人员。他们通过网上信息和平时收集掌握的信息,试纺试织了37个品种,成功开发了32个品种。2000年新产品产值占总产值的40%以上,为企业扩大市场份额、提高经济效益创造了重要条件。

(四)推进企业改制,实行产权转让。2000年6月30日,原企业法定代表人购买了公司所有净资产,并向全体员工做了"八个不变、六个确保、一个目标"的承诺。付诸实施后,员工的积极性更高了、内部关系更顺了、市场营销更活了、技术改造步伐更快了、主要经济指标完成更好了、职工收入更多了。

(五)兼并亏损企业,实现资本扩张。1996年7月,本乡的棉织十一厂,由于7年中换了四任厂长,我接管时企业管理十分混乱,内外关系十分紧张,银行停止放贷,477台布机关了一半。经审计,企业负资产达610万元,647名职工、132名退休职工吃饭成了问题。我们公司兼并这家企业后,通过引进人才、深化改革、注入资金、技术改造、创新管理、开发新品,很快使这家企业起死回生。1998年4月,《南通日报》为此作了《不信东风唤不回》的专题报道。

三、管好钱

管钱是企业一项极其重要的工作。管钱的重点就是要有计划用钱、有尺度分钱、有办法挣钱、有措施管钱,尽量少花钱多办事、办好事,充分发挥经济杠杆在企业管理中的作用。

（一）在管钱方面，我们主要抓了以下几件事：

1. 推行目标成本管理。广泛发动职工查找日常管理工作中的"漏洞"，先后出台了目标成本考核的一系列规定。每月由分厂生产部根据上月纱线布销售情况，结合月度市场行情，合理确定各品种的月产量，并运用成本倒推法确定各品种的单位成本，然后将计划指标分解落实到各部门、班组。通过层层分解成本指标与职工个人收入紧密挂钩的方法，大大提高了职工参与管理、降低消耗的积极性。

2. 扎实开展系列活动。从1996年8月开始，在公司上下深入开展节约一度电、一杯水、一分钱、一寸纱、一张纸、一两花、一颗螺丝钉、一块擦车布、一滴油、一支圆珠笔芯为主要内容的"十个一"活动，制订了一整套奖励办法，全公司形成了立足本职、搞好节约的良好风气。

3. 把好物资买卖关。从1998年初开始，在坚持执行原有管理制度的基础上，又先后出台了进一步加强物资采购、废品处理等方面的一系列规定。在具体实施过程中，坚持物资采购以"优质、价廉、量足、及时"为原则，着力杜绝人情货、拿回扣、质次价高、短斤少两等现象。为了杜绝原辅材料采购时的漏洞，实行物资名称、规格、数量、价格、产地、采购人员、结算方式"七公开"，实施有奖监督办法，鼓励员工参与监督。废品处理采取先鉴定后入库、先明码标价再组织拍卖的办法，鉴定人、询价人、销售人、批准人实行"四分开"。这样做不但提高了企业的经济效益，更重要的是减少了在员工中的负面影响。

4. 执行财务审批制度。凡是涉及用钱的事都必须由部门负责人编写计划、填写《资金使用申请单》，由主管领导审核、法定代表人审批。法定代表人用钱也要按照财务有关规定履行完整的手续。这样做，有效地堵塞了各种漏洞、控制了费用、降低了消耗，最终达到管好钱、用好钱，促进企业发展的目的。

（二）在分配方面，我们主要抓了以下几个环节：

1. 档案工资全部改成岗位工资。根据每个人工作职责、责任轻重、技术高低、难易程度、贡献多少，在干部和工人中各分了5个岗次，确定了每个岗次月基数工资标准。

2. 合理确定每月浮动工资标准。根据当月生产数量、产品质量、单位消耗、产销率、利润率、货款回笼率、安全生产等实绩，确定当月各岗次浮动工资标准。

3. 精心搞好每月个人薪酬结算。每个干部、员工每月的薪酬都是根据当月每人考勤考绩得分，对照本人基本工资、浮动工资标准结算兑现。

4.每年底,根据企业经济效益,根据每人全年考勤考绩得分、管理人员再根据民主测评得分,确定每人年终奖,被评为先进集体和个人的另行奖励。

5.单项工作成绩显著给予奖励。对在提质增效、降本减耗、改革创新、研发新品、建交客户、避免质量与安全事故等方面做出突出贡献的,给予一次性奖励。

通过上述方法,内部分配工作比较顺利,真正达到了大家想做事、多做事、做好事的目的。尽管员工年收入不等,但是绝大多数人还是能理解和满意的。

四、管思想

人的一切行为都是受思想支配的,管好思想、做好思想政治工作,是抓好企业管理的前提和基础,也是将广大员工的思想和精力最大限度地集中到搞好企业生产经营活动中去,以适应经济全球化的新形势。

企业思想政治工作作为企业建设中一项主要内容,是企业不断前进与发展的精神动力和智力支持,它在企业活动中既相对独立,同时又贯穿于"管人、管事、管钱"的全过程。

(一)健全组织机构,将思想工作贯穿于生产、经营、行政工作的全过程。

公司除依法依规成立党总支、团总支、工会、职代会、妇代会等组织外,分厂还成立了党支部、团支部、党小组、团小组、工会小组、职工代表小组,明确了管理干部例会、班组长例会、职工例会、重大节日的纪念会、联谊会等会议的内容、要求和时间。一方面坚持党政联席会对重大问题的研究与决策,坚持生产经营例会的总结与部署,坚持党员干部会议对厂部决议的动员与落实;另一方面不断壮大政工队伍,充分发挥党团员、职工代表的先锋模范作用和广大妇女的主力军作用。

(二)搭建宣传平台,及时宣讲公司面临的新形势和决策层的新要求。

1994年花了1万多元在厂门口建造了两块长18米、高3米的宣传橱窗;1996年又花了2万多元在厂区通道的醒目处建造了一块高12米、宽14米的宣传幕墙,书写了"敬业、尽责、奋发、争先"的企业精神。车间内外还设置了6块黑板报,每月都要刊登20多篇质量较高的稿件。不同时段还要围绕中心工作,拉、挂具有针对性、号召性、教育性的大幅标语,并张贴许多具有思想性、教育性、趣味性、鼓舞性等特点的小标语。通过这些办法,公司上下的宣传气氛日益浓厚,干部员工的思想日益统一、精神日益振奋,各项工作开展都很顺利。

（三）加大考核力度，不断引导员工转变观念、创新工作。

公司要求管理干部在实际工作中做到"五多"与"五心"，即"多引导、多走访、多倾听、多谈心、多鼓励"和"热心、耐心、细心、关心、爱心"。2000年公司实行产权转让改制，各项政策和措施顺利施行，员工思想稳定，不曾有一个员工站出来反对，各项工作开展十分顺利，生产实绩超过历史最好水平。

（四）加强文化建设，不断增强企业凝聚力和创新能力。

企业文化是一个企业在历史发展中，在长期生产、经营、建设、管理实践中逐步培育起来的生存之道。多年来，我们一是坚持做到诚实守信、质量第一、优质服务、满足顾客；二是努力培育企业精神，把企业精神融合在各种会议、生产经营活动中；三是精心塑造公司形象，通过对品牌、品质、品位的宣传，公司的知名度扩大了、社会地位提高了；四是在全体员工中深入开展"讲学习、讲纪律、讲本领、讲团结、讲文明、讲贡献"的活动。通过这四个方面的工作，大大增强了广大员工的主人翁意识、提高了全员思想道德素质和科学文化素质，从而增强了企业创新能力、市场适应能力和自我发展能力。

（五）尊重人、关心人、帮助人，最终使思想工作深入人心。

多年来，公司不管资金怎么困难，一直坚持月月按时发放工资，而且工资每年都有较大幅度的递增；每年为职工支付医药费30余万元、困难补助5万元以上，对于患病员工、特困员工，公司总要安排干部慰问、帮助解决生活困难；医务室、食堂等后勤工作也做得十分细致，不断提高为员工服务的质量。特别是公司产权转让给企业法定代表人后，不仅增加在职员工报酬，而且提高了退休人员生活补助费标准。每年春节前，对没有好参加社保的每位退休人员发放慰问金350元。2000年10月，花17000多元为特困员工建三间平瓦房，还赞助20000元为乡村修桥补路、做农田硬质灌溉渠道。

综观公司在管理创新方面的实践，可以得出这样的结论：管理创新的各个环节、各个要素绝不是孤立存在的，它们相互关联、相互作用。唯有创新，企业才能在激烈的市场竞争中生存与发展；唯有创新，企业才有永不枯竭的活力之源；唯有创新，企业才能适应全球经济的变化。

从业者之歌
——从扛草工到企业掌门人

"惟"才是举 追求卓越
——在港闸区人才工作暨科技英才表彰大会上的发言

2005年12月13日

在我近20年的企业管理生涯中,既有长期担任乡镇集体企业厂长的经历,又有近几年改制后担任民营企业业主的实践。无论是集体企业,还是民营企业,人是立企之本,人才是兴企之源。对此,我深有体会:企业之"企",从"人"开始,止于"人"下,意为人兴则企旺,人衰则企亡。多年来,我把"惟才是举,追求卓越"当作座右铭,并升华为企业精神,将人才的引进、培养、使用、管理作为企业管理的重中之重。目前全公司在职员工1000多人,大学以上学历9人、大专学历22人、中专学历37人、高级职称3人、中级职称13人、初级职称41人。素质高、技术优的人才队伍推动了企业的跨越发展。近年来,企业先后荣获市文明单位、市A级纳税人、市百强企业、省文明单位、省模范职工之家、省双爱双评先进单位、省民营企业就业先进单位等荣誉称号。2004年公司完成产值1.55亿元,实现销售收入1.56亿元、利税600多万元。我们的主要做法如下。

一、千方百计引人才,逐步将企业建成各类人才的集聚地

我是从1988年7月开始担任南通市胜利纱厂厂长的。当时,从自身来说,仅做过安全保卫和党务工作,既没有学过纺织技术,也没有从事过生产和销售;从企业来讲,没有像样的设备、没有健全的制度、没有足以让企业在激烈竞争中生存的人才与产品,更谈不上发展所需的竞争优势。面对如此状况,我思来想去,认为最根本、最快捷、最有效的举措,就是在人才上做文章、求突破。

然而,企业到底需要什么样的人才?有的学历高的,眼高手低、缺少实践、放不下架子;有的职务高的,往往会摆资格、处处要面子、不便于交流。这些人员不是企业实用的人才。所以在选定人才时,我注意一个方法,考虑招聘人才中的层次、特长能和本厂现有人才的组合达到优化、合理、高效;我掌握一条标

准，即忠诚可靠、真才实学、善于合作、吃苦耐劳。于是我把目光投向了那些在原单位没有用武之地、职务待遇较低、本人综合素质好、发展潜力大、30岁左右的人才。这样的人才，从国营大厂来到乡办小厂或者私营企业，虽然是"人往低处走"，但都是"职往高处就"。对他们来讲，有一种被发现、被重用的自豪感和自身价值得到充分体现的成就感；对企业来讲，也是非常实惠的，因为这些员工往往好沟通、好管理、发挥作用大。另外，他们在原单位，仅是一般技术人员或生产骨干，引进成本比较低，引进渠道比较正规。我们纱布厂的生产厂长，在原来的国营大厂里分别是享受工人待遇的操作能手、质量检查员，长期奉献在企业，默默无闻。引进到我厂后，经过数年的历炼，最终被推上了纱、布厂生产厂长的岗位。如今，她们虽身为生产厂长，但还是天天工作在生产一线，生产管理工作抓得非常扎实。

为了加强企业管理力量和产品研发力量，我们瞄准了一些在大公司或大企业就职、合同即将到期和即将退休的中高层专业技术人员。我司现任副总Z，原是一家大集体纺织厂的经营负责人，业务技能和管理才能相当突出，我就利用一切可以利用的关系，三顾茅庐，并为他解决一些后顾之忧。他来厂后很快投入到发展惟越的热潮中，不久升任为公司副总经理。近十几年来，企业先后引进了各类人才，其中包括享受国务院特殊津贴的高级工程师、全国和省市劳模、注册会计师、工程师、生产经营骨干和高级技工等。这些人才已逐渐成长为企业发展的中坚力量，是惟越持续发展的宝贵财富。

二、营造环境用人才，努力将企业建成人才创业的大舞台

环境对于人才作用的发挥至关重要，特别是人际关系、设备投入、技术创新等创业环境尤为重要。如何更好地使用人才，在一定程度上也就是如何更好地为人才提供良好的工作环境。对于引进的人才，我们首先要服务到位。惟越是一个大家庭，要给在惟越工作的人才有一种家的感觉。对于那些刚到惟越的人才，从住房住宿、交通工具、电话手机、配备利于他们开展工作的人员等，到办公室、办公桌、办公用品等，我们都考虑周全、充分准备，使他们接受聘用后，能感受到诸多方便。其次是放手任用，让他们有职、有权、有利、有奔头。在我们引进的人才中，有5人分别担任了公司副总、分厂生产厂长、技术厂长、经营厂长、财务主管等重要职务，使之成为推进惟越快速发展的一支重要力量。在放手任用

的同时，我们也充分发挥集体的智慧和力量，比如他们在做出重要决策、解决重大问题时，总经理室都要研究制订相关方案，统一部署要求。这样既消除了他们孤军奋战的感觉，又调动了厂内原有人才和员工的积极性，形成了上下齐心促发展的良好局面。再次是鼓励创新，用好人才的关键是把人才的专长和潜力最大限度地发挥出来，因此需要提供一切有利于人才发挥作用的机会和平台。企业改制5年多，先后投入7000多万元进行了技术改造和规模升级。添置了167台剑杆织机，新建了苏北最大、生产设施一流的并线厂。近年来，我们研制开发了30多个新品种，实现了主产品由中粗支纱向高细支纱转变、普通坯布向服装面料和装饰用布转变，大大提高了产品档次和附加值。即使在国际金融风暴、纺织品出口设限等不利条件下，公司的技术改造也没有停步，生产和销售平稳运行。

除了重视引进人才的使用，我们对企业自有人才也做到了量才录用、才尽其用。其中道理很简单，企业自有人才你若不用，他就会产生消极抵触情绪或外流；引进人才你若不用，他就会想着跳槽。对于企业来讲，想方设法用人才、留人才与千方百计招人才同样重要。因此，对一些长期工作在经营生产一线、有着丰富经验的人员，我们就安排他们在经营、生产、质检的关键岗位，对企业内自学成才的年轻人，我们积极为他们提供施展才能的舞台。近年来，许多年轻同志被推上了重要岗位，有些还进入了企业管理层。内外环境的优化，促使了人才创业激情的迸发；正确用人导向的建立，促使了人才作用的最大发挥；用人机制的创新，为企业发展提供了强劲的动力。2005年1—11月，公司实现产值1.42亿元、销售1.43亿元、利税550万元。

三、标本兼顾育人才，全面推动企业健康协调的快发展

企业人才的教育、培养与管理，是一门高深的学问。无论是企业自有人才，还是引进人才，其综合素质、业务技能总是相对于一个时期而言。如果不及时教育、培养与管理，人才很快就会被激烈的竞争淘汰。所以根据人才的成长特点，我们坚持"重培训内强素质、严管理外树形象"，全面提高他们的思想素质和业务素质。

一是继续教育强素质。对于人才的培训，我们主要做到四个努力：努力为人才提供宽松的工作、学习环境，着力营造尊重知识、尊重人才、尊重创造、尊重劳动的良好氛围；努力为人才提供必备的学习条件，按实际支付学习、资料费用；

努力为人才提供讲座、培训、考试等不定期的"充电"机会；努力为人才创造院校深造、基层锻炼的机会。近年来，公司先后选送了2名青年员工到南通纺织工学院脱产培训3年，6名青年员工到南通纺织职业技术学院脱产培训1年，1名副厂长到纺织职业技术学院半脱产培训2年，32名管理人员和生产骨干到国营纺织厂脱产培训3—12个月。公司内部还举办了近2年的棉纺中专班，并多次举办纺织知识讲座。在抓好业务培训的同时，我们还以"三个代表"重要思想、"保持共产党员先进性"等主题教育活动为契机，大力加强思想政治教育，从而使人才队伍的建设提高到一个新水平。

二是完善考核促提高。我们主要实施了目标责任制考核，做到任务要求明确、考核细则明确、权限责任明确、配套措施明确。在目标责任制考核中，我们主要采用逐月百分考核和年度考核的办法。逐月百分考核，是指公司管理人员每月根据岗位职责、考核细则及工作实绩进行自我评分，然后由主管领导审核评分，对扣分多的，及时做好教育、帮助、引导工作，同时考评分与本人奖金、职务津贴紧密挂钩。年度考核，是指年底对企管人员进行的包括工作小结、述职、测评、公示在内的考核评议，年底考核结果在年终分配中体现。

三是以人为本抓管理。最好的管理方式就是人性化的管理方式，这不仅是我对企业的管理模式，也是我对各级管理人员的要求。特别要求各级管理人员在管理员工时注重方式方法、注重尊重鼓励、注重人性化管理，努力将人际关系调节到最佳状态。对于管理人员，我既注意严格管理，又注意有情操作。有一年春节后上班，一位科室干部邀请一位招聘的副厂长中午出去"打拼伙"，后来他们误了上班时间，干脆自作主张轮休。事后，我及时找这位副厂长谈话，指出他的行为违反了公司的有关规定，在员工中也造成了一定的影响，所以责成他做出书面检查，扣除他当月奖金和职务津贴210元，并将处理结果通报全厂。同时，我不是一罚了之，而是事后进一步做好该同志的思想疏导工作，最后当事人心悦诚服地接受了公司的处理。在他后来的工作中，也没有发现任何消极的想法和行为。

四是和谐相处谋发展。通过多年的实践，我对企业人才的管理有了比较深刻的认识，对于如何促使人才与企业、人才与人才之间和谐相处，我认为必须做到"四个理顺"：一是理顺人才与企业之间的关系。人才与企业的关系，不是鸟和笼的关系。企业好比舞台，人才就是演员，把舞台与演员聚合到一起的，是产品、项目、效益。人才与项目紧密相联，人才与企业互相发展。二是理顺外引人才之间的关系。注意防范他们相轻相斥、相互戒备的不良倾向，想方设法让他们相互尊重、相互信任、相互支持、相互学习、共谋发展。三是理顺引进人才与自有人才之间的关系。坚持做到一视同仁，不厚此薄彼，不喜新厌旧，不让自有人才产生失落感和抵触情绪，促进自有人才与引进人才更好地合作共事。四是理顺引进人才与全体员工之间的关系。注意避免引进人才中自认为是"救世主"的傲气和部分员工中的"排外"思想，尽最大努力让他们沟通思想、联络感情、和谐相处。近几年纺织行业人才流失较为严重，但我们惟越集团的人才队伍基本保持稳定，绝大多数人都能安心工作，乐于奉献。正是有了这样一支人才队伍，才使惟越集团逐步壮大。

长期的企业人才管理实践，使我积累了一定的经验，也获得了省市各级的荣誉。2004年12月，我参加了省总工会、省社会科学院、江苏小康与现代化研究中心举办的"江苏工人阶级在实现'两个率先'中的地位与作用"高层论坛，本人撰写的《实践以人为本的科学发展观 争做开明务实的民营企业家》论文荣获一等奖。我还获得省、市优秀乡镇企业家，省、市劳动模范，市十佳民营企业家等荣誉称号，市政府还授予我"伯乐"奖。这些对我来说只代表我曾经做过的工作和取得的一点成绩，惟越今后的路还很长，面临的挑战还很多，只有牢固树立"惟才是举，追求卓越"的理念，才能将惟越打造成一个技术装备精、产品质量优、经济效益好、员工素质高的民营纺织企业！

附：

给布厂 Z 的回信

Z：

你好！

你于11月25日写给我的信，我经过反复阅读、反复琢磨、反复推敲，觉得你写得很认真、很实在，句句说的都是你的真心话。我本想安排时间与你好好聊聊，但细想当面交谈难免有些话讲得不恰当、不透彻，也可能有些话你一听而过，不能正面理解、深刻领会、永远记住。想来想去，这次还是用回信的方式比较妥当。把我心里想对你说的话、把我对你的殷切期望，通过文字再次向你真诚地表达出来，以便我们今后能更好地心心相印、默契配合、共创大业。

2003年10月18日，我与你签订了《招聘合同》。《招聘合同》中明确写明了你来公司后的"五项职责"和"八个带头"，明确要求你"致力成为公司栋梁之才"，并明确承诺你"在完成甲方交给的各项工作任务的前提下"享受什么待遇……

你来公司三年多，我认为你基本素质不错、可塑性比较强、有一定培养价值。所以在这三年中，尽管你的工作量比较少，工作压力比较小，但是你的报酬待遇没有打折扣，这正说明我招聘你是诚心的，培养你是真心的，对你是寄予厚望的。尽管公司有些人说我对你太客气了，但我总是直言相告："我是把他作为布厂生产厂长和公司总经理接班候选人招聘过来的，现在他工作比较轻松，我是先让他熟悉情况、适应环境，让他有时间学本事、练基本功，将来能更好地挑起我交给他的重担，完成好我交给他的任务。"

前三年，我基本没有向你提什么要求，今年开始对你提要求。一是因为你来了三年多，情况应该熟悉了，环境应该适应了；二是因为你精神状态、工作思路、工作业绩不够理想。你在给我的信中写道："说老实话，设备管理有B，运转操作管理有质教员，他们的能力都很强，我压力不大。"按道理你有两个得力助手，前织工艺、质量、管理等工作，你应该抓得很好。但是，你前3年的工作实绩并不能让人信服，这和你的思维方式、认识程度、工作方法有一定的关系。现在我再不向你提要求，就是对你极端不负责任。

《招聘合同》中约定：你每季度向总经理书面陈述一次工艺上车、技术管理、产品质量、新品开发、生产管理、用户意见等有关方面的情况，并提出自己的见解和改进的办法，可是三年来你没有写过一次。

你可能还记得，2006年春节后上班，我在车间里发现浆纱质量不好时问你："Z，这次浆纱质量怎么这么差？"你笑着和我说："有什么办法，浆纱间就是这班人。"我接着和你说："浆纱间都是能干的人，我还会安排你负责浆纱间吗？"不过没过多久，通过你积极努力，浆纱质量明显提高，而且到现在也没有出现当时的那般情景。浆纱间的人还是那班人，浆纱设备还是那些设备，用的原纱还是那些原纱，我一说，你一努力，在没有增加成本的情况下，浆纱质量就变好了。

  关于浆纱成本问题，我以前与你说过几次，你总觉得尽了力，没有办法降下来，我想你的顾虑可能比较多，所以我在2006年9月召开的降低浆纱成本专题会上，从生产部、经营部各抽三个人组成三个小组到几家浆纱厂实地考察、学习取经。按道理这些点子应该由你出，我来拍板。不过后来通过你的努力，浆纱成本很快大幅度下降。

  上述事例至少可以说明这样两点：你真正努力了，事情还是可以进一步做好的；我说的话你能接受、对你是有作用的。这也说明你与我合作还是有比较好的基础。

  你在信中写道："这里人才齐全，生产厂长有y、技术厂长有q，没有我的位置。"我认为你这种认识偏差比较大。你没有想到在这种环境里工作是你的福气，有值得你学习的同事，有充足的时间让你学习、研究、提升专业知识水平和生产管理水平，有较好的客观条件让你把职责范围内的事做深做细做精，这种环境绝对能使你得到更好的锻炼和成长，怎么能说没有你的位置呢？

  你在信中写道："所有的品种单子衔接和用纱计划的编排是q厂长做的，什么单子能做，什么单子不能做，都是他来决定，我不好说什么。"我认为你完全可以换个思维，因为你是生产厂长助理，兼管前织和剑杆车间的工艺、技术、质量，你认为能做的单子完全可以向q厂长建议，实在不便也完全可以同我单独说（《招聘合同》中约定："平常在开展本职工作过程中如遇到本人无法解决的问题，必须及时向总经理汇报，以免造成不必要的损失。"），我再找q厂长，让他下决心做，然后请你配合，不是很好吗？你只怕得罪q厂长，为什么没有想到要履行好你的工作职责呢？为什么没有想到你这样做会使我失望呢？你和q厂长都是无锡轻工业学院（现为江南大学）毕业的大学生、原国营纺织厂培养出来的工程师、惟越集团招聘来的技术人才，有的个体户能做得好的品种，你们两个人却做不出来，你不觉得没面子吗？你们两人不怕人家嘲笑吗？再说，你直接向q厂长建议，也没有什么问题，都是为了工作，为了一个共同的目标——搞好企业、成就自己。即使q厂长一时想不通，最后产品做出来了，他肯定会敬你三分，往后还会主动向你请教，你说是吗？

  你在信中写道："由于我年纪轻，面对的又是多年的老师傅，又怕自己讲错话。"我认为你这种想法太片面了。在礼节上应该尊重老师傅，在工作中应该按照你的职责开展工作，带领好、教育好、组织好管辖范围内的老师傅做好本职工作，完成好生产任务。再说你三十出头，又是大学生，具有多年工作经验，还怕讲错话？我认为只要你平时注意学习、观察、思考，想好了再说是不会说错话的，即使说了错话，别人也是能谅解你的，比你年纪大的师傅说的话不等于百分之百正确。

你在信中写道："对一些问题的处理缺乏经验，被别人一顶就想不出用什么话来回答他，缺少管理上的技巧和谈话上的技巧。"你要想到，经验是慢慢积累的，本事是慢慢练出来的，只要你自己有信心、有决心、有恒心、敢闯敢试，什么问题都有希望处理好，怕这怕那是永远做不好事、成不了才的。

你在信中写道："前后织的工艺计划本身就是一个不好分开的事情，意见不同会影响下面人的操作执行，与其两个人做同样的事情，还不如让一个人集中做，一人做事一人负责。"你这句话说得比较绝对，也不符合常理。我把你招聘来是想提高布厂工艺技术水平，是想将来对你委以重任。现在让你在实践中经受锻炼、增长才干，有什么不好呢？我不能把你搁在一边等着接生产厂长的班，也不可能把q厂长搁到一边让你做。我这么做，主要是为了让你们有足够的时间和精力讨论、探索，更快更好地把布厂工艺技术搞上去，真正使你们能够成为本市同行业的技术权威。要达到这个目的，关键是你们俩分别把自己设计的工艺技术方案拿出来交流探讨，在实施过程中你们再联系、配合，这样你们的工艺技术水平不就提高得更快吗？新品开发不就更容易获得成功吗？产品质量水平不就更容易提升到一个新水平吗？问题不就解决了吗？Z，做任何一桩事，孤军奋战是不行的，只有多合作、多钻研、多探讨，多向有实践经验的人士请教学习，才能把事情做好。

你在信中写道："……他们本身工作就很辛苦，我实在不忍心跟他们发火。"Z，教育帮助部下是你的职责，如果部下工作没有做好，你帮助、指导、支持他们把工作做好，我想他们会乐意接受、会感谢你的，也不需要你发什么火，你说对吗？

你在信中最后还写道："说句开玩笑的话，如果当初是让我来管人，而不是从事技术工作，我可能就不会来。"你现在深层次地想想，就算从事技术工作，也会涉及管理人的事，技术只有在管理中才能不断完善。再好的技术没有人配合执行，从事技术工作的人也是无法得到进步的，也很难取得令人满意的

147

成绩。《招聘合同》中明确你"五条主要职责"的大部分内容就涉及管人管事。再说，招聘前我和y厂长在你家当着你岳父、爱人的面就同你诚恳地说过，我是把你作为布厂生产厂长、公司总经理接班候选人招聘、培养的，这说明招聘你来就是管人管事的。不管人管事怎么可能实现你信中所说"独当一面，干一番事业"的愿望呢？

Z，你现在要明白一个道理：做任何事情都很难，都有利弊。可是怎样权衡呢？我认为最关键的就是要把握好这三点：是否有利于企业正常管理与科学发展；是否有利于大多数员工的根本利益和长远利益；是否有利于履行你的岗位职责、完成领导交给你的任务。你要想到，只要是正确的、有道理的，你就一定能说服别人。即使别人一时不能理解，最终还是会理解的。

Z，你要明白，你是我招聘来的，你固然要对我的事业负责，我必然也要对你的前途负责。

在这里，我再次真诚地希望你：技术上精益求精，达到《招聘合同》中所约定的本市同行业的"领先水平"。学习上勤奋刻苦，进一步学好专业知识、管理知识、哲学知识、法律知识、社会常识等，多看一些与工作有关的书籍、公司印发的材料、报纸杂志和纺织行业成功人士的经典文章，还可以到新华书店买（实报实支）一些与纺织、管理、处世有关方面的书籍看看，认真做好笔记、做好摘录，注重思考和运用，迅速提高自己的工作能力、表达能力和写作能力，做到脱稿作20分钟的报告，能够主题鲜明、中心突出、层次清晰、语言精练，起到解决问题、凝聚人心、启迪心智、催人奋进的作用。所写的工作计划、工作总结、专题文章能让同事称赞、员工佩服、领导满意。管理上善于观察问题、发现问题、综合分析问题、妥善处理问题；工作上讲究艺术、注重实效，对内对外、对上对下、对前对后、对各种各样的人和事，都要研究总结出行之有效、别人能接受的好办法来。在"文凭转化为水平、知识转化为能力、能力转化为业绩"的过程中，充分展示你的事业心和进取心。你要坚信"钢梁磨绣针，功到自然成"；你要坚信"爱拼才会赢、会拼赢得多、付出总有回报"；你要坚信，只要你正确我肯定会支持、你有不足我会指出、你有欠缺我会帮助、你有失误我会原谅、你有迷茫我会指点、你不努力我会批评。

你在今后的工作中，一定要有决心、有恒心、有毅力，有吃苦拼搏的精神，有接受挫折的心理准备。企业培养接班人，犹如学开汽车，要先学好相关理论知识、掌握驾驶技能，再通过理论考试、场地考试、上路考试，一道道过关合格后才可领取实习驾照，一年中无违章无扣分才可换取正式驾照，这样才能保证今后驾车安全。

  请你看了这封信后，如有什么不同看法、不理解的地方和今后的打算，请你在10天内写给我，以便我们今后更好地交流、更密切地合作。殷切期望你通过3—5年的奋发努力，真正具备布厂生产厂长、公司总经理接班人的条件。实现你"既懂技术又会管理；独当一面干一番事业"的宏愿，使我招聘你、你应聘来厂时的初衷都能变为美好的现实。

  谨祝，
全面进步，事业有成！

陈志凌
2006年11月29日

确立新理念 找准新目标
落实新举措 再创新业绩

——在惟越集团三届七次职代会上的工作报告

2005 年 3 月 12 日

各位代表、各位列席会议的同事：

今天会议的主要任务，是回顾总结 2004 年工作，研究部署 2005 年工作任务，动员全公司干部员工进一步统一思想、提高认识，进一步增强"当家作主"的意识，以更新的理念、更强的决心、更足的干劲、更实的举措、更精细的管理、更真诚的合作，为全面完成 2005 年各项工作任务而努力奋斗。

以下报告，请出席会议的代表予以审议，并请列席会议的同志们提出宝贵意见。

第一部分　　2004 年工作总结盘点与分析

2004 年，在全体干部员工的共同努力下，我们惟越集团较好地实现了年度工作方针和目标。全年实现环锭纺纱 3774 吨（折合 30S 为 4800 吨），比年度计划增加 60 吨；倍捻线 2035 吨（折合 30S 为 2228 吨），比年度计划增加 172 吨；上缴税金近 600 万元，上缴乡政府租赁费、工会费等共计 76 万元。在增产节约、增收节支、技术革新、产品升级、营销开拓等方面均取得了明显成绩。企业的思想政治工作、尊重员工、善待员工的工作得到省人大副主任、省总工会主席等各级领导的高度赞扬。本人撰写的《实践以人为本的科学发展观　争做开明务实的民营企业家》的论文，被省总工会、省社会科学院、省小康与现代化研究中心评为一等奖。中国科学院院士、中国工程院院士、世界建筑协会会长吴良镛先生亲笔为我们公司题词："光大先贤业绩，繁荣民营经济，为近代第一城添彩。"勉励我们把企业搞得更红火，为中国纺织工业的发祥地——南通，谱写新篇章。这些都给予我们极大的鞭策和鼓励，为我们增添了强大的精神动力。

回顾 2004 年所做的工作，成绩主要表现在以下六个方面。

一、爱厂如家思想更加牢固

通过《企业经典管理警句汇编》学习活动的深入开展，员工们对"企业好，员工才会真正好；质量好，企业才会长久好"和"同事处好赛金宝，工作起来烦恼少；业务技术学得好，做起事来真轻巧"等警句领会得更深刻、更准确、更全面。平时做事更自觉认真，特别是在企业设备改造、技术革新、产品研发、"兼并带转"等方面，绝大多数员工都能做到想企业所想、急企业所急、排企业所难、解企业所忧、干企业所需。更令人感动的是，2004 年 6 月下旬，因外地青年员工在厂外打架斗殴，引起外地部分员工罢工，本地相当一部分干部员工一个人做两个人的事，白天做了夜里还继续做，常日班的一些员工和管理人员主动到生产一线挡车，主动多承担生产任务。从而确保了生产的正常运行，没有因少人而关机停台。这充分体现了干部员工爱岗敬业、勇挑重担的高风亮节，充分彰显了干部员工与企业同呼吸、共命运的凝聚力和团队精神！

二、技术进步成效更加显现

2004 年，纱厂在 24 台细纱机生产氨纶包芯纱的基础上增开 22 台，开纺的 40S、42S 纯棉纱、31S 棉粘纱推向市场后，得到海林集团、无名服饰等针织厂的认可。据统计，2004 年共生产 12 个品种、35 个支别的环锭纺纱，翻改 2445 台次；共生产 127 种捻度、61 种支别的线，翻改 1509 台次。线厂先后开发了 100S、120S 双股精梳线等品种，大大提高了产品的科技含量和附加值，使企业拓宽了销售渠道，增加了一些大客户、好客户，为企业持续稳定地发展奠定了较好的基础。

2 号清花车做化纤跳过一级打手，全年可节电约 1.4 万元，2 套空调水泵改用喷雾装置，每月节水节电约 9600 元。

回用完好的旧纸管，每年可节约成本约 2.5 万元。

倍捻车间、筒摇、成包间安装积湿喷雾装置，更好地调节了车间温湿度，减少了断头，提高了制成率。

改钢丝 2460 平胶带交叉使用为不交叉使用，延长了平胶带的使用寿命。

对线厂 20 台梳棉机进行了改造，减少了坏车，提高了生产效率。

改变倍捻机清洁办法，停用吹吸风机，全年可节电费约 24 万元。

对某纺织机械厂倍捻机十字块等部件进行了改造，对细纱 55#~66# 平衡重锤进行了加重改造等。

上述革新不仅节约了费用，而且改善了设备的使用性能，稳定了产品质量。

三、市场营销开拓更加有效

2004 年，营销人员在生产人员的密切配合下，发扬"想千方百计、说千言万语、吃千辛万苦"的精神，不怕有的客户门难进、脸难看、话难听，硬是凭着一股钻劲和诚信经营的方法，不断开辟新市场，建交新客户。在巩固发展浙江萧山市场的同时，积极开辟了吴江盛泽市场，使效益比较理想的氨纶包芯纱销量不断增加。倍捻线业务基本做到淡季不淡、旺季更旺。特别是自从推行"销售人员兼买原料、原料采购人员兼卖产品"的制度之后，采购原料、销售产品的信息更快更多，其收效比较理想。

2004 年，纱布厂经营人员搬到新厂集中办公后，进一步塑造了公司对外的公众形象，提高了企业的美誉度、可信度、知名度，方便了经营人员捕捉、交流和使用市场信息，更好地方便客户、吸引客户，强化了纱、线、布厂经营人员的互补功能，降低了销售成本，为今后营销工作开创新局面提供了极为有利的客观条件。

四、各项基础管理更加扎实

各工序设备人员"为轮班生产服务、让挡车工满意、对企业负责"的思想不断形成，平擦车的质量不断提高，抢修坏车的速度和质量不断改进，设备故障率明显下降，设备人员的服务态度明显改善，得到轮班人员的一致好评。设备计划完成率、周期准期率、一等一级车率、工艺上车合格率均达 100%。全年平擦车 1084 台次，坏车率比上年降低了 16%。

各工序、各工种的协调配合工作有了新起色。日常工作中，前纺主动访问后纺，后纺及时向前纺反馈质量信息，设备人员对操作人员现场指导，操作人员及时向设备人员反馈设备运行中的问题。轮班人员协助常日班人员进行技术攻关、帮助解决生产过程中一些突发性纱疵。更改工艺、翻改品种时，技术人员、管理人员、设备人员、操作人员、质检人员密切配合、精诚合作。其场面令人感动，这样既缩短了停台时间、提高了生产效率，又确保了产品质量。

质量管理和质量监督活动不断深入，轮班防、捉纱疵的竞赛活动搞得有声有色，2004年共举办了12次纱疵展览，全年没有发生产品质量事故。

2004年，企业广泛开展了挡车工操作大比武，并对挡车工进行了"应知应会"考试，开展了挡车工自评、互评、操作测定活动，这不仅丰富了挡车工的业务知识，而且提高了挡车工的操作技能，轮班挡车工优一级率达32.2%，比上年上升了4.2%；三级率为10.67%，比上年下降了4.8%。

五、关爱员工措施更加到位

在企业负债8000多万元、资金周转十分困难、有些企业少发缓发工资的背景下，从2004年7月起，每月为每位员工增缴社会养老保险174元。在此基础上，10月起，每月人均工资标准上调37元。

2004年，企业在正常发放工资的同时，及时足额为员工缴纳养老保险金、发放独生子女费4100元、报销独生子女入园费2370元、支付医疗费用326847元、支付互助金28600元、走访慰问患病及困难员工148人次、发放困难补助31200元、购买4700多桶纯净水和1.5万元的气雾杀虫剂、灭蚊片。

对外地员工更是关爱有加。据统计，2004年给外地员工购置生活用品近万元，新做棉被350条。夏季特别炎热时，让外地员工睡到有空调的食堂和会议室里。在宿舍区，为外地员工设立了小卖部，每逢节日还为外地员工提高伙食标准，花了近4000元为他们安装了数字电视，使边远地区的员工能看到家乡的电视节目，丰富了他们的业余生活。特别是生产一线的师傅们对新员工在思想上、工作上、生活上给予了家人般的体贴和关爱，在技术上给予了热情帮助和耐心指导，让外地员工身在惟越时时有家的感觉。

六、安全教育管理更加规范

2004年，针对新工人多、人员流动性大的特点，企业加强了对员工的安全消防知识培训与教育。特别是对新工人的岗前培训抓得更紧、更细，同时注重了生产现场的安全培训，确保了全年安全生产无事故，安全消防、综合治理工作多次受到上级领导的好评，在2004年底综治工作验收中取得了99分的好成绩。

各位代表、各位同事，2004年是全体干部员工爱厂爱岗、敬业尽责成绩最突出的一年，是开发新品、开拓市场成效最显著的一年，是增收节支、技术革新工作最到位的一年，也是思想教育、管理创新、关爱员工做得最精细的一年。回顾2004年的工作，我们深深感到：干部员工爱岗敬业、求真务实、锐意进取、奋发争先，是做好企业各项工作的前提；解放思想、更新观念、管理创新、技术创新，是确定并坚定不移地实施企业发展战略的根本；促进管理上水平、增强企业核心竞争力，是提高干部员工工资福利待遇的关键；驾驭市场、细化管理、人尽其才、物尽其用、调动一切积极因素，是确保企业科学、协调、可持续发展的有力法宝。

去年的成绩令人欣慰，去年的发展催人奋进，这是全体干部员工团结一心、密切合作、苦干巧干的结果，凝聚着广大管理者、生产者、技术人才和营销人员的心血和汗水，充分展示了惟越集团干部员工立足竞争、开拓创新、不畏艰难、勇于进取的精神风貌。

在此，我谨向辛勤工作在各个岗位的干部员工，向给予企业各项工作大力支持的职工代表和列席代表，向关心支持企业工作的干部员工的家属、亲戚朋友致以崇高的敬意，并表示衷心的感谢！

在肯定成绩的同时，我们也要清醒地看到，企业在生产、行政、经营等方面的管理中还存在不少薄弱环节和问题。根据管理人员2004年度个人总结表中提出的最值得批评的不良倾向和平时的观察分析，可以归纳出以下七个方面的不足：

一是企业运行质量不够高，经济效益不理想。应收款高达660万元；环锭纺纱库存363吨，价值600多万元。

二是营销策略和方法还比较滞后。出去买东西几乎赊不到一分钱，给承兑汇票还要贴息；销售产品多数拿不到现金，一般拿的是五六个月不贴息的承兑汇票，给企业资金周转带来比较大的困难，给企业效益也带来了一定的影响。

三是做青年员工的思想工作，有时还把不住思想脉搏。2004年共招收新工人279人，离厂152人。少数青年员工怕苦怕累、不服从管理，有的喜欢到外面转转，想找一个轻松、工资高的工作；有的认为企业少不了他们，他们一走机台就开不起来，喜欢看企业的笑话。殊不知，一个企业绝不会因跑掉几个工人而关门，再说这些人离厂后还是要工作。到别的单位做，不一定比我们的工资高、待遇好、工作轻松。布厂有一个离厂后又回厂的青工说得好："我在外面几个厂里做过，从各方面来说还是惟越好。一不欠工资，而且报酬比人家高；二没有歧视，从干部到工人个个对我们外地工人都很好。"这位青年员工还说了一句比较经典的话："不管跑到哪里都要做事、接受管理，世上没有一个老板有能力让工人玩了拿钱。"

所以，如何把准青年员工的思想脉搏，有的放矢地做好青年员工的思想工作，调节青年员工情绪，稳定员工队伍，还需要我们不断摸索和实践。

四是极少数管理人员综合素质跟不上企业发展的需要。有的人在每年《个人小结表》中都会写"我的文化水平低、工作能力差、老好人的思想比较严重"等等，可就是多年不改；有的人为了自己的一点面子和利益，不惜损害领导和同事的面子及企业的利益；有的人工作中出了问题不是从主观上找原因，而是从客观上找借口；有的人只看到自己的本事和对企业的贡献，没有看到企业多年对他的培养、给他的待遇、为他提供的条件；有的人把企业的规章制度置之脑后，自己想怎么做就怎么做，不喜欢按规章制度办事；有的人明明自己心术不正、搞暗箱操作，反而说领导疑心病重、不信任他。

五是极少数工人不能自觉执行公司出台的有关规章制度，不能正确对待管理。有的人考核被扣了分，只想到自己少拿了多少钱，不想到企业损失了多少钱，不是认为自己做得不好，而是认为领导与他过不去；有的人不检点自己的工作态度与方法，而是计较领导的工作态度与方法；有的人质量意识淡薄，不能按照客户要求生产，给客户造成了麻烦，影响了企业的声誉；有的外地员工对公司免费提供的三餐一点不珍惜、乱丢乱倒；有的外地员工月月拿的工资花得精光，却打电话告诉家人"厂不好、要关门、拿不到钱"；有的外地员工装病不上班，严重影响了班组管理，扰乱了生产秩序。

六是有些人对领导检查工作不能正确对待。殊不知检查工作就是领导的职责，再说领导不可能只检查别人不检查你；自己工作做好了，没有必要怕领导检查；自己工作没有做好，领导检查是在帮助你发现问题、解决问题，避免对企业造成更多的损失、个人承担更大的责任。

七是有些人用企业的钱一点不算计，给企业造成了损失一点不心疼，总认为企业家大业大，浪费点无所谓。殊不知全公司1300多人，大家都这样，企业还能搞得下去吗？这些人更没有想到的是：企业现在贷多少款、欠多少债、一天要用多少钱？一旦关了门，企业的厂房、设备能卖多少钱？够不够还债？

如有上述类似问题的人，一定要有自知之明，绝对不能自己原谅自己，绝对不能知错不改，否则对自己、对别人、对企业都是不利的。各级管理人员和员工们对上述问题要高度重视，采取切实有效措施，认真加以解决。

第二部分　　2005年工作总体思路和举措

各位代表，2005年是全面贯彻落实科学发展观、提高适应宏观调控新形势能力的关键之年，更是强练内功、提高质量、增强企业核心竞争力的重要之年。因此，我们必须全力以赴地做好今年的各项工作。

2005年我们公司的工作方针是：

迅速确立新理念，致力找准新目标；全面落实新举措，再创工作新业绩。

2005年我们公司的工作目标是：

技术人员操作化，操作人员技术化；营销人员市场化，管理人员样板化。

围绕全年的工作方针和目标，我们必须扎扎实实地抓好以下四个方面的工作。

一、解放思想，确立新理念

要跟上时代发展的步伐，要把企业进一步搞好，要全面提升自身素质，我们每一个干部、每一个员工都必须进一步解放思想，彻底转变做人做事过程中所形成的与形势不相适应、与企业管理不相吻合、与自身做好工作的愿望不尽一致的陈旧落后的观念和习惯。

具体来说，大家着重要确立以下新理念：

（一）要别人尊重你，你必须先尊重别人；要别人支持你的工作，你必须先支持别人的工作；要别人信任你，你必须先要有值得别人信任的地方。

（二）要想在企业有地位、受尊重、多拿钱，靠拉关系、玩小聪明是不行的，只有靠自己的正派、诚实、厚道、勤奋来换取。

（三）要想每天工作有个好心情，就必须主动、认真地做好本职工作，不能被动应付、投机取巧。

（四）与干部关系好，就应该支持干部的工作，不能要求干部在工作上照顾你、包庇你。

（五）与其把时间和精力花在欠款销售的要款上，不如把时间和精力花在不欠款的销售上；既要把时间和精力花在招人上，更要把时间和精力花在留人上。

（六）与其把自己的后路留在厂外，不如把自己的出路留在厂内。一个人想在厂内利用职权做好人，离厂后再利用这些人，往往是不可能如愿的，别人也不会相信你的。

（七）真正可靠的合作伙伴，是不愿把时间花在吃喝玩乐上的。

（八）说得好不如做得好，真正做得好的人，自己不说别人也知道。

（九）做好工作、处好关系、完善自我，最好的办法是自己多动脑筋、多学习、多吃苦、分清是非、一事一议，不能以偏概全，更不能"闻短色变"，要经得起批评，也要经得起表扬。

（十）工作没有做好，又不接受考核和帮助，肯定让人看不起，也没有人愿意与你合作共事。

（十一）同事关系处得好，外面的朋友才信得过。

（十二）埋怨别人、指责别人，不如深刻地剖析自己、完善自己。

（十三）重人情往来不如重工作上的配合与帮助。

（十四）应把功夫花在做事上，更应把功夫花在钻研业务技术上，"磨刀不误砍柴工"。

（十五）困难无处不在，不要被困难吓倒。要把解决困难看成是锻炼自己、显示自己本事的最佳时机。

（十六）做好正常工作是自己应尽的责任，不能把做正常工作看作是为别人做的。只有这样，工作才会越做越想做、越做越有劲。

二、正确定位，找准新目标

要做好 2005 年的工作，把惟越集团建设得更好，每一个干部、每一个员工都必须正确定位，找准新目标。

一是认清纺织行业所面临的形势。

从 2005 年 1 月 1 日开始，世界纺织品贸易重新回到一个自由竞争的时代，中国纺织企业参与国际竞争的帷幕终于全部拉开了。面对敞开的舞台，面对进出自由的纺织市场，我们企业应如何应对？这是一个值得我们每一位干部员工深思的问题。舞台前面的门槛没有了，但篱笆没有减少，有的还在加固加高。欧盟优惠税率的取消、美国"特保"的箭已上弦……越过这些篱笆靠什么？必须靠核心技术和不断适应市场变化的产品、管理、营销等各方面的创新，生产出高质量、高档次的产品。企业不但要想到如何走出去，还要想到境外的产品如何打进来、争夺国内市场。过去说，我们中国劳动力成本低、纺织原料充足。但是近几年，印度、巴基斯坦、泰国、越南等国家的纺织行业发展迅猛，他们的劳动力成本比我们更便宜，纺织原料更充足，纺织品价格更低廉，纺织品质量也不比我们逊色，所以他们比我们具有更多的竞争优势。从国内来看，新疆、山东、安徽、河南、河北等产棉区纺织行业发展特别快，浙江、广东、江苏新上马的纺织企业规模很大，档次也很高。再从我们南通的纺织企业来看，可以说是"三头在外"，即用工大多数要到外地招、纺织原料大多数要到外地买、生产的产品大多数要到外地卖。由此可见，我们南通纺织企业的压力特别大。但是我们南通纺织企业也有一个得天独厚的优势，那就是清末状元张謇先生开办的原通棉一、二、三厂，是中国纺织工业的发源地，有着外地一般纺织企业不能比拟的技术优势、管理优势和市场优势。我们企业要生存发展就必须充分利用好这些优势，与时俱进、开拓创新、精细管理，否则就很难支撑下去。

二是正确分析我们企业的现实状况。

根据财务分析，2004年平均每月纱厂工费支出177.27万元（每天开支5.91万元）、线厂工费支出122.1万元（每天开支4.07万元）。从这些数据来看，我们的压力特别大。因此，我们的工作一天也不能放松，一时一刻也不能放松。总体来说，目前我司在经济实力、产品档次、经营销售、商业信誉、外部关系、发展潜力、领导班子成员综合素质等方面，比一般小型纺织企业要好得多。我们的纺纱设备除国营纺织厂外，还算比较先进的。客户对我们的基础管理工作印象比较好，凡是到过我们惟越集团的领导和客户都认为我们企业的内部管理抓得不错，只要我们不满足于现状，不断推进规范管理，实行技术创新、产品创新、管理创新，我们的企业绝对会越办越好。

三是对照自己职责定好工作目标。

作为企业法定代表人，要把眼光盯在本地区同行业的一流水平上，真正做到内部管理一流、产品档次一流、产品质量一流、经济效益一流、员工收入一流、企业形象一流。我能有今天，主要是依靠惟越集团干部员工的关爱与支持，所以我不能不把惟越集团办好，不能不对干部员工们负责。

作为企业管理人员，要把眼光盯在本地区同行业同岗位人员中"业务最精、工作能力最强、技术水平最高、人际关系处理得最好、本职工作任务完成得最出色、领导最信任、工人最拥护"的目标上。要做好自己的本职工作，必须根据自己的工作岗位、职责、领导的要求，设立好每月、每周、每天、每项工作的目标，有计划地、扎扎实实地做好每一项工作，争当同行标兵。

作为员工，要把眼光盯在全公司同岗次人员中"技术水平最高、生产任务完成得最好、工作表现最佳、领导和同事最认可"的目标上，争做先进生产者。

三、坚定不移，落实新举措

一是营造浓厚的学习氛围，努力构建学习型企业。不断提高干部员工学业务、学技术、学经营、学管理的自觉性，努力提升干部员工的思想素质和业务素质。45岁以下的管理人员和生产人员要保证做到"专一、会二、学三"，争当智能型干部和技术型工人。要懂得学好本事、用好本事，功在企业，利在自己。

二是加快技术人员操作化、操作人员技术化的进程。技术人员要在操作过程中完善技术、普及技术，总结出成功的经验。操作人员要通过学技术，及时发现和处理一般技术问题，对疑难问题要说得清、能协助解决。在开发新产品、生产高难度品种时，一定要把客户的具体质量标准、操作规程和要领及必须注意的事项等认真写出来、贴上墙，并要抽问抽查，力求把新品、高难度品种做成名牌产品。

三是积极推进规范管理，一切都按制度办事。进一步抓好班组建设，坚决扭转厂休天和常日班下班后轮班生产管理松散的局面，把企业内部管理工作真正提高到一个新水平。

四是加强质量教育、质量管理、质量监督，把一切影响产品质量的因素消灭在萌芽状态。一旦出了质量事故要能及时发现、及时解决，并严格执行"质量事故的原因不查清不放过；质量事故的责任人不受到考核不放过；其他工人不从中吸取教训、受到教育不放过；预防措施不落实到位不放过"等制度。对出了厂门的产品质量问题，一定要采取"责任追究制"，质检人员、营销人员要及时向企业法定代表人书面报告质量问题，三天内生产部书面报告最后的处理结果，任何人不得隐瞒、谎报实情。企业如不注重产品质量只能是路越走越窄，最终导致企业关门破产。所以平常一定要加强产品质量的检查和监督，要广泛深入地开展好"防捉纱疵"和班组质量的竞赛活动，真正做到前道工序为后道工序提供优质服务，后道工序为前道工序守卡把关，真正做到道道把关、人人把关，不合格的原料和机配件不进厂，不合格半制品不流入后道，不合格产品不出厂。同时要认真办好每月一次的纱疵展览，要使每一个工人都能弄清产生纱疵的原因与预防的措施，深刻认识到产生次品的危害，真正使质量管理工作贯穿于生产的全过程、全方位，真正把我们的产品做成客户心目中的精品。到那时不欠款产品也好卖，也能卖到好价钱，全体员工也会从中受益。对在质量管理工作中，做出重大贡献的班组和个人一定给予表扬和奖励。

五是精心建设一支精干的营销队伍。营销人员是企业的脊梁、企业的卫士，企业的命运很大程度上掌握在营销人员的手里。一个企业能不能健康持久地发展，关键靠营销人员。每一位营销人员都是代表着公司1000多名员工在对外开展工作，因此每时每刻都必须保证做到对企业忠诚、对员工忠诚、对自己的事业忠诚。平时要善于学习、捕捉信息、储存信息、整理信息、筛选信息、运用信息，还要善于观察市场、分析市场、正确判断市场走势，不断增强心理素质、提高谈判技巧。特别要善于研究制订营销策略和运作方法，对每一家客户及其主要负责人、具体经办人和他们下家客户的有关情况，都要及时、准确、全面地了解和掌握，以便制订切实可行的合作方案，真正做到一厂一策、一人一策，实现双赢。为了使企业的生产品种和质量能满足市场需求、客户需求，原则上每周的星期六或星期天召开一次营销人员、生产负责人、质检人员、技术人员、计划调度人员的碰头会，及时反馈用户意见、交流情况，研究制订下一周的营销计划。营销人员必须自觉严格地执行公司出台的有关营销方面的一系列规定和制度，坚持"效益为先"的原则，真正做到：付现款的优于赊账的；有定金的优于无定金的；有合同的优于无合同的；先订合同的优于后订合同的；净利高的优于净利低的；长单子优于短单子；大单子优于小单子；合作前景好的客户优于合作前景不好的客户；本公司布厂急用的优于外单位的。每次下单都要认真填写好生产经营联系单，每次发货都要按规定办理好有关手续，填写好产品销售审批单。特别是赊欠的业务，一定要想到赊欠的货款，都是工人的"血汗钱"；即使自己认为有十足把握，发货时也要谨慎、尤其要办好相关手续。注重发挥营销人员的主观能动作用，把每一个营销人员从过去单一的业务中解脱出来，变卖纱、线为纱、线、布、棉花、化纤原料、原纱采购业务一起做。鼓励买纱卖纱、买纱并线后再卖线，买布再卖布，但必须规范操作、严防风险。这样做可以加大业务量、扩大市场、增加客户、拓宽企业的发展空间，也可以使营销人员在实践中得到更好的锻炼。精心培养和造就一支能适应市场竞争、满足企业发展需要、在南通纺织行业中具有名望和影响力的营销队伍。

六是深入细致地做好主要经济指标的考核与结算兑现工作，充分发挥经济杠杆在企业管理中的调节作用。具体分两大步骤组织实施：

第一，每月完成的产量、质量、各种消耗、工费收入、产销率、货款回笼率、安全、综合治理的实绩，都要与全体干部员工的当月报酬挂钩。

第二，对照每月核定的各岗次人员的工资标准，再根据每一个干部、每一个工人当月考核得分，结算其当月报酬。

3月20日前，各部门、班组要根据这次职代会《工作报告》的精神和要求，认真修改好每一个干部、每一个工人的《逐月百分考核表》，将今年每一个工作指标、每一项工作要求都要分解落实到每一个人，确保考核内容和办法都具有极强的针对性和可操作性。

（一）切实抓好每一位营销人员的逐月百分考核工作。

营销人员的考核重点是：包接单保开台、开发新产品；包工费收入，保证销售单价不低于市场同类产品的中等价格；包产销率，保证生产出的产品（包括加工）100%的出售；包货款回笼，保证卖出去的货款要100%的收回；包经营费用，保证比上年下降10%—20%；包销库存产品，保证3个月以上的库存产品在2005年6月底前全部出售；包压缩现有应收款，保证达到公司内控指标。

营销人员一定要树立"舞好龙头、不辱使命"的信心和决心，把自己的思想、时间、精力大部分花在为公司做好经营工作、为企业职工造福上。对每天、每周、每月的工作都要精心计划、总结分析、不断改进。每谈一笔业务都要事先制订好方案，准备好预案。每做一笔业务都要订好合同，要深刻认识到订合同难、不订合同将来会更难。不同意订合同的单位，就说明不诚心，就值得怀疑，就不宜跟他们合作，否则风险太大。

订合同时必须对品种、规格、数量、单价、质量要求、交货期、包装要求、运输费、付款方式、违约责任等写清楚，连标点符号都不能错，确保对方一旦违约就要承担100%的责任。企业根本做不到的，不能向客户承诺，确保合同履行率达100%。

营销人员要精心宣传企业、宣传产品、宣传自己，建立自信心，让客户增加亲近感、信任感。特别要注意配合生产人员提升产品档次和客户档次，开发十个新产品，不如开发一个好产品；找十家小客户、差客户，不如找一家大客户、好客户。找大客户、好客户开始肯定是很难的，一旦合作成功就能收到意想不到的效果，自己有面子，业务水平跟着提高，也能为企业作出贡献。

营销人员在洽谈业务时，一定要有较好的心理素质和谈判技巧，要有底气和毅力，不能不自信，不能怕拉锯。有理时不要乞求对方，尽量用道理说服客户。例如，一家客户在我们这里加工倍捻线，合同约定带款提货，结果他们的经营副总突然要求我们送货上门，否则造成的损失要我们承担。这时我司经办人耐心做工作、讲道理，拖了十几天，最后他们还是带款提货。他们厂里的有关人员说他们的副总说话做事有时不靠谱。现在这家客户与我们合作得很好，因为他们要找一家比我们更好的并线厂并不是一件很容易的事。

营销人员要善于与同行业中的营销高手交朋友、处关系，不要胆怯、不要害羞、不要怕冷落，能处上关系你往后的工作就好做了，烦恼就会减少了。同时也要注意与同事之间的交流，不管是正面经验还是反面教训，对自己都会有好处。同事之间不能保守、不能封锁信息、不能制造障碍、不能设卡拆台、不能冷嘲热讽，要有"四海皆兄弟、同事本是一家人"的胸怀，要深刻理解"同事处好赛金宝"的道理。

营销人员要真正做到分工不分家，要注意把自己负责联系的客户和有关情况同领导同事沟通，以便今后更好合作。对同事的客户也要关心、尊重。同事之间不宜同做一个客户，但可同做一个产品，在不影响下单人交货的情况下，只要生产部负责人同意后就可销售，但必须带款提货，每吨单价要比下单的单价高200元—500元。如在影响下单人交货的情况下，由生产部负责人或总经理与下单人商量或直接与客户商量。实在协商不成，还应保证下单人的交期。但是下单人不得故意刁难和阻挠，否则要追究下单人的经济责任。

营销人员一是要提前编制好每月的销售计划和下单计划，对特殊品种要与客户谈好公差范围，并在联系单上写明具体数量，以免产生新的库存。二是要不断学习生产工艺技术和生产常识，不断提高跟单能力。对所下单品种的生产进度、各工序的质量状态要做到心中有数，发现问题要及时与生产部相关人员协商解决。三是要体谅生产管理人员的难处，对一些毫无价值的小单、难单、急单、价格不好的单，一般没有必要组织攻关生产，避免过去上午下单下午撤单、生产好了客户又不要的现象。四是对客户反映的质量问题，每个营销人员都必须正确分析、判断，及时处理，绝对要改变过去用户一反映质量问题就叫生产部派人去的情况。如果认为自己在分析、判断产品质量方面还缺乏专业知识和经验，请安排时间刻苦学习，确保在2005年6月底前达到公司要求，否则就不配做营销工作。五是每一个营销人员都必须时刻保持清醒的头脑，不能接受客户半点"好处"，不管客户嘴上说得多好，要想到一旦接受了客户的"好处"，他肯定要你几倍、几十倍的偿还。

财务人员除按照上级要求做好正常工作外，还要根据营销人员的工作实绩，记好每一笔销售台账和费用台账，以便考核结算营销人员每月的报酬。

（二）进一步抓好每一个生产管理人员的逐月百分考核工作。

1. 生产管理人员的考核重点是：包下单安排，经营人员接的单只要是国内同类设备能生产的品种一般不宜回不做，要充分考虑到营销人员在外面接单的艰辛；包生产效率，效率就是效益。单产：一般品种38公斤以上、包芯纱35公斤以上，倍捻线的效率要在2004年实绩基础上提高5%以上；包发货交期，与营销人员定好的交期一天也不能拖延；包产品质量，生产出的产品（包括筒子尺寸和包装）一定要符合合同要求或生产经营联系单注明的要求。编制生产工艺、下达生产计划之前一定要将具体的质量要求和加工制成率等内容问清楚，核对好生产经营联系单，哪怕是老客户做的老品种也要问清楚；包单位耗用，原料、水、电、机物料、包装物等单耗都要力求在上年实绩的基础上下降2%—5%；包生产无事故；包治安无事件；包文明生产达到历史最好水平。

2. 严格按下单数量投料，避免产生新库存。

3. 要进一步做好走访用户、售后服务工作，对客户提出的合理要求要尽量满足，对客户的有关质量问题，回厂后一定要认真分析解决，一般问题当天解决、较大问题要保证在2—3天内解决，同时要把客户与本厂的损失降低到最小程度。

4. 在无下单、开台困难的情况下，生产部必须提前与有关营销人员或总经理联系，确保正常开台、避免给企业造成不必要的损失。

七是进一步组织干部员工学好、用好《企业经典管理警句汇编》，真正把思想政治工作贯穿到生产、行政、经营管理的全过程。生产组长以上的每一个管理人员都要注意说好每句话、说准每句话。对工人要多说尊重的话、鼓励的话、指导的话、协商的话，尽量少说批评的话、反问的话，不说指责的话、伤害人格的话、气工人走的话。管理人员所说的话、所要做的事尽量能引起员工的思想共鸣，成为他们的自觉行动，真正把思想政治工作做到每个人的心坎上。同时，要进一步抓好宣传报道工作，定期或不定期地召开好不同层次、不同形式、不同对象、富有成效的专题会议及一人一事（为企业做出特殊贡献或给企业造成重大损失的）

的点评会，及时分析形势、总结工作、通报厂情、布置任务、及时表扬好人好事，及时批评不良倾向，加深干部员工对"最好的策略是诚实、最灵的方法是沟通、最佳的结果是圆满"的理解和认识。进一步树立"以人为本、以质取胜"的科学发展观，充分发挥舆论的导向作用和激励人、鼓舞人、团结人、教育人的作用。

八是进一步做好招人、用人、育人、留人的工作。企业要健康、持久地发展，必须要有一支高素质、爱企业、爱岗位、不怕苦、钻研技术、锐意进取、安心工作的职工队伍。力求做到外地员工在我单位工作了几年后，回乡能建当地最好的房子、买当地最好的家电。针对新员工讲义气、要面子、怕吃苦、头脑简单等特点，注意做好引导、启发、鼓励等工作，帮助他们健康成长。特别要注意抓好"好师傅好徒弟"的指导与评选工作，真正让外地员工在惟越有家的感觉、有家人般的真情，把人员流动性降到最低限度。使外地员工十分强烈地、心甘情愿地在惟越扎根、在闸西落户、在南通安家。努力使新员工来到惟越就不想走，走了之后还想来。与此同时，对思想品质不好、不学技术、不服管理、经常完不成任务、不执行厂规厂纪和操作规程的工人，经帮助教育无效，对照厂规厂纪予以严肃处理，情节特别严重者依法依规予以解除劳动关系。

九是进一步抓好安全生产、文明生产、综合治理工作。尽最大努力预防和杜绝一切不安全因素的发生，特别要进一步做好防火、电气安全和交通安全工作，确保人身安全、企业太平。同时要把一切不文明的言谈举止纠正过来，使干部员工的文明程度和企业的生产秩序、工作秩序和治安秩序朝着更理想、更完美的方向发展。

十是每一个管理人员要虚心倾听员工们的意见。积极采纳员工们的合理建议，尽最大努力及时给予他们明确、满意的答复。进一步抓好食堂、医务室等后勤服务工作，把企业尊重员工、关爱员工、善待员工的工作进一步落到实处。

十一是运用法律武器，倾力打好与某公司包芯转杯纺纱机的官司。坚决讨回公道、追回损失。

十二是进一步抓好管理人员的自身建设。不断用管理人员的表率作用启发员工、感化员工、鼓舞员工、带领员工。无数事实表明，一个不以身作则的干部，一个不主持正义的干部，一个不分清是非的干部，一个不善于学习的干部，一个不思进取的干部，是绝对管不好人、用不好人、做不好工作的。《企业经典管理警句汇编》中写道：喊破嗓子不如做出样子。现在的工人都是有文化、有见识、有判断能力的，他不是仅仅听你干部怎么说，而是看你干部究竟在怎么做。你干部不遵守规章制度，只叫工人遵守规章制度是不行的，你干部怕吃苦只叫工人吃苦是行不通的，你干部工作不负责任，只叫工人工作要负责任也是说不响的。一句话，干部必须做到时时、事事、处处严格要求自己，真正为工人做出好样子。这样你干部说的话才有人听、你干部布置的事才有人做、你干部的职务才保得住。

四、攻坚克难，实现新突破

一是在生产效率上有突破，力争生产综合效率比上年提高 3%—5%。

二是在产品质量上有突破，确保我们的产品在市场上有更高的知名度和可信度，真正使客户一用我们的产品就放心满意。

三是在新品开发上有突破，除了确保生产好氨纶包芯纱的产品外，还要精心生产好 21S、32S、40S 针织用纱和衬布用纱。组织精兵强将、不惜一切代价、全力以赴地开发好涤纶长丝包芯纱和涤纶长丝包芯线等新产品。力求新产品开发占总产量的 35% 以上。对在开发新产品过程中做出重大贡献的部门、班组和个人一定给予重奖。

四是在客户档次上有突破，除了要巩固发展好现有的信誉好、价格好、不欠款的业务单位外，还要努力寻找一些讲诚信、有实力、不欠款、有合作前景的大客户、好客户。

五是在经营策略上有突破，要精心研究制订好营销方案，提前做好策划，牢牢掌握营销的主动权，不能被别人牵着鼻子走。

六是在压缩应收款上有突破，要采取切实有效措施，确保在 4 月 20 日前将应收款压缩到 400 万元以内。

七是在销售库存产品上有突破，力争使库存产品逐月减少 30 吨—50 吨，确保在 6 月底前将纱厂库存产品压缩到 150 吨以内。

八是在降低生产成本、控制非生产性费用上有突破。首先要合理压低原材料、机配件、机物料、包装材料、生产容器等方面的进价，同时要确保所采购物品的质量；其次要抓好用电、用水、辅助材料的节约工作，减少设备坏车率、减少废次品；再次是严格控制经营费用、招待费用、利息支出、办公费用、运输费用、通讯费用，尽量少拿承兑汇票、少贴息，各项费用争取在 2004 年基础上下降 3%—5%。每月 10 日前对上月环锭纺纱、倍捻线的生产成本分开核算，以便每一个干部员工更好地掌握每月生产经营运行状况和自己工作实绩。

九是在技术创新、小改小革上有突破。

十是在管理创新、制度创新上有突破，争取花最少的时间和精力，用最能避免矛盾冲突的形式，采取最有效的方法管好人、做好事。

十一是在管好设备、用好设备上有突破，不断完善从前到后所有设备包干到人的方案。还要利用工余时间、节假日加强设备人员的技术培训，教育好设备人员进一步树立为生产一线挡车工服务的思想，不断提高设备使用和维护的质量，确保各类设备的完好率达100%，切实解决因设备不好而带来的质量问题和安全问题，确保一线挡车工对设备维护的满意率达100%。

十二是在利用现有资源、挖掘内部潜力上有突破。大家知道新厂的厂房、附属用房、变压器、公用设施还没有满负荷运行，我们要尽快研究方案，积极组织实施，使人力资源、物质资源得到充分利用。这方面工作做好了就能大幅度降低纱厂、新厂的固定成本和各项费用，有效地提高企业运行质量，提高经济效益。

十三是在驾驭市场、应对市场变化上有突破。绝对不能因市场变化、客户变化或因我们营销决策失误而造成关台停产、货款难收、影响员工就业的后果。

市场是瞬息万变的，要主宰市场，做市场的主人，就必须要有随机应变的能力，要有"快一拍、先一步、高一招"的本事。关键要有超前意识，及时分析和掌握市场信息，密切注视市场变化和趋势，精心研究和总结市场变化的规律，对市场走势做出正确判断，确保所订的方案精细、周全、有效、便于操作。市场原料开始降价时，尽量多纺粗支纱、多用原料、多卖产品；市场原料开始涨价时，尽量多纺细支纱、少用库存原料、少卖库存产品，力求企业利益最大化。

十四是在真抓实干、转变工作作风上有突破。各部门、班组要把2005年的目标任务逐项量化、细化，真正分解落实到每一个人。坚决反对只说不做、不推不动、不督不办、虎头蛇尾的漂浮作风。

代表们、同志们，携手开拓新征程，与时俱进创未来。我们正处于加快发展的有利时期，新的形势催人奋进，新的任务繁重艰巨。我们坚信，只要大家齐心协力、踏实工作，从我做起、从点滴做起、从现在做起，强势推进由点（控制点）到线（流程管理）再发展到面（在行业内的定位与分工）的立体管理，就能更好地培育和发扬团队精神，实现全年工作目标任务。

在纺织科技硕士 M 聘用仪式上的讲话

(节选)

2010 年 8 月 9 日

各位管理人员：

今天为你们介绍个徒弟，为 M 同志举行个简单的"拜师"仪式。

下面我讲四层意思：

第一层意思：M 来公司的主要任务是学习，请每个管理人员真正当好他的师傅

1.M 学习的主要内容是：纱、布厂生产基础知识和管理知识，纱、布厂营销基础知识与业务操作方法。

2.M 学习的大概步骤是：先纱厂后布厂；先生产后营销；先基层后中层；先局部后全局。争取把纱布厂每道生产工序、每个管理环节都要学一遍，努力掌握第一手资料。

3.M 学习的时间安排是：一般放在周二下午至周五上午在公司学习。如遇他就读的国际金融硕士班调课、加课、考试等，临时调整学习时间。其余时间，M 还要到上海交大参加金融硕士班课程的学习。

第二层意思：请每个管理人员真正把 M 当徒弟看待，不能给他任何"特殊待遇"

1. 请你们利用一切可以利用的时间和机会，指导、帮助 M 了解和掌握纱布厂生产、经营方面的基础知识和管理办法。

2. 请你们平时对 M 多启发、多引导、少夸奖、少表扬。

3. 今后，凡是涉及到你们的日常工作，请你们不要请示他、不要征求他的意见、更不要看他的脸色行事。因为 M 对企业里的情况不熟悉，他又没有担任任何

职务。所以说，你们每个管理人员在日常工作中，该怎么说还是怎么说，该怎么做还是怎么做，该怎么管还是怎么管。如果你们在方便的情况下，可以把成功解决工作中问题的主要策略和方法与 M 说说，让 M 通过一些实实在在的事例得到更好的学习与提高。

4.在 M 学习期间，一般不宜安排他参加有关聚餐和娱乐活动。因为他的时间比较紧，下班回去还要完成作业。

第三层意思：M 来公司学习，是惟越集团培养接班团队的一个举措

大家都晓得，搞企业就好比射出的箭，不好回头、不好间断、不好停止。

现在，我们惟越中层以上干部大多数年龄偏大，学历、精力和接受能力肯定与年轻人有所不同。因此说，目前我们首当其冲的任务，就是要精心培养"思想品质好、有事业心责任心、有丰富专业知识、敢闯敢拼敢试、勇挑重担、敢于担当、甘于奉献、不怕苦不怕难不怕挫折、能够团结人带领人、能够干实事干成事"的接班团队。惟越要生存要发展，培养一个人是绝对不行的，一定要培养好一大批人。

作为我们年纪大一点的干部，特别要注意培养好身边相对年轻一点的人。作为公司里相对年轻一点的人要奋发努力、追求进步、抓住机会、施展才能、做好本职工作、做好力所能及的工作、做好提拔到哪个管理岗位就能胜任哪个管理岗位工作的各项准备。

第四层意思：对 M 同志的几点希望和要求

1.刻苦学习纺织生产知识、营销知识、管理知识，争当同行业纺织理论运用最好、业绩最佳的纺织管理精英。

2.培养和磨练吃苦耐劳、攻坚克难的精神，不断熟悉惟越、适应惟越、融入惟越，全面提升自身素质，当一名大家喜欢的好徒弟、好同事、好伙伴，成为工人的贴心人。

3.把在英国曼彻斯特大学纺织科技硕士班和在上海交大金融硕士班学到的知识、将在美国某公司学到的先进管理理念和积累的经验，用于将来公司的经营管理和资本运作之中，为惟越全面转型升级争作贡献。

在建设学习型企业动员会上的讲话

(节选)

2011年5月6日

各位同事：

华为董事长任正非曾说过："做不好工作，实质上就是没有学好。"为了帮助管理人员寻找管理"窍门"、提升管理能力、减少管理烦恼，我认为在全公司班组长以上管理人员中开展"读好书、用好书"活动非常重要。具体要求如下：

一、读原文学原句。为了节约大家找书时间，尽快读到与工作有关的文章，现由公司办公室从《突破管理》和《做人与处世》杂志中选摘9篇文章印发给你们每一位管理人员学习。为了方便理解、记忆，已将文章重点语句画线标注，并附点评。

二、学习交流运用。

1. 在各自利用工余时间学习的基础上，公司领导层在5月15日前分别组织纱、布厂科室管理人员学习；分厂主管领导在5月25日前组织车间、班组管理人员学习。

2. 每一个管理人员在9月30日前，都要书写、提交学习心得。其中厂级干部写3篇（其中1篇在5月30日前交），其余管理干部至少写2篇（其中1篇在5月30日前交），生产组长、质教员至少写1篇。每一篇学习心得必须书写认真、体会深刻、有灵活运用实际工作的具体事例，字数不得少于300字。

3. 公司领导和分厂主管领导在10月30日前分别组织科室管理人员和车间、班组管理人员交流学习体会。交流时每个人要紧密结合公司实际，结合自己学得好、用得好的具体事例加以阐述。

4. 把学到的理论知识自觉运用到平常工作中去，真正做到从细节中发现问题、解决问题，把复杂的事"简单"做，把简单的事做细、做实、做好。

5. 所写心得必须在规定时间内交主管领导，不书写、不认真、不及时的，主管领导可直接减发相关人员当月奖金50元。

三、根据实绩评比。由公司党总支、总经理室、工会指定人员组成评委，在11月20日前评比出"学得好、写得好、用得好"的人员。

四、分级分档奖励。除厂级干部以外的科室管理人员中产生一等奖2名、二等奖4名，其余管理人员中产生一等奖2名、二等奖6名，未获奖的人员均给予鼓励奖。奖励标准：一等奖200元、二等奖150元、鼓励奖100元。

五、请每一位管理人员保存、运用好本学习材料。管理人员不仅要在开展活动中认真学习，而且要在活动结束后继续自觉学习，把文章中的管理金点子融会贯通于自己的工作，最终达到轻松管理、愉快管理、高效管理的目的。

解读"另类"老板
——解读一个私营企业的劳资关系

(人民日报社记者陶峰采写，2002年4月5日《人民日报》报道)

从没见过这样的人，记者来采访，先要谈条件。

"要写我，希望把我和工人打官司的事写进去，别光说我好话，不然我的心里不好过，做得没有报道得那么好，别人在背后会指指戳戳呀！"

递过来的名片上写的是"南通惟越集团有限公司党总支书记、董事长、总经理陈志凌"。惟越集团是家私企，资产两三千万，在外有着"以人为本心相印"的良好形象，怎么还有跟工人打官司这一出？

"去年，厂里几个熟练工不按合同约定、招呼也不打，忽然撂担子到某国营纺织厂上班了。生产计划都是安排好的，别人也没法临时顶替，几条生产线突然一停，损失有多大？差点儿误了交货期。"

"噢，你跟跳槽者打官司了？"

"对，劳动合同清清楚楚，不履行完合同期限、不辞而别给企业造成损失，就要按合同约定索赔。不为几个钱，只为企业正常运行，只为年龄偏大的职工不失业（大厂把年纪轻的技术职工招走了，厂里只剩下年纪大、技术差的挡车工和辅助工，不要多久厂就会关门），只为职工报酬待遇尽快提高到与国营纺织厂同样水平留个空间，确保企业生存发展下去。春节前，劳动仲裁委判我厂胜诉。不过，对那几位家里条件不太好、又在厂里干了好几年的，最后我也没计较。"

这个老板，有些与众不同。

喜欢别人叫他厂长，不喜欢被称作老板

跟着陈志凌在厂里进进出出好几回，不论是碰上管理人员、工人，还是门卫、清洁工，谁跟他打招呼，他都停下来回个笑脸、答应一声。陈志凌不喜欢"老板"这个称谓，习惯于别人叫他陈厂长。布厂生产厂长y说，有时他们开玩笑叫声

"老板"，他会皱一皱眉，不说什么，事后郑重其事找上门来："还是叫我老陈吧。"

惟越集团前身是南通市胜利纱厂和棉织十一厂。陈志凌1979年进纱厂，在安保科、政工科工作过，在书记、厂长的位置上干了10多年。1996年主管部门派他到负资产610万元、面临倒闭的棉织十一厂兼任厂长。一年多后，棉织十一厂渐有起色，正赶上南通地区一批公有制中小企业纷纷改制。

2000年6月30日，两家集体企业正式改制为私营企业，陈志凌头一回以业主身份上台发言，主旨是"稳定人心"。

纱厂生产厂长、全国劳模 j 回忆说："老陈对改制后的企业运转模式、人员待遇做了'八个不变、六个确保'的承诺，大伙的心思一下就稳了。大家相信他这个人办事实在、对人真诚。他办厂这么多年，特别注重信誉和名声，从没有一笔银行贷款超期未还，也从没有一笔订单逾期交货。当初，他也犹豫，我们一帮业务骨干就跑去要求他站出来接手，别冷了大家的信任，有困难我们一起想办法。"

"搞垮一个企业一个人足够，要搞好一个企业，一个人是远远不够的"

采访时，陈志凌一再声称：纺纱织布，自己不是内行，最喜欢的是做人的政治思想工作。"企业运转千头万绪，哪一项离得了人？"

从国有大企业招聘过来的 y 说："当初他刚接手严重亏损的十一厂，招聘我去分管生产。刚去第一天，我看到的尽是一些工人懒洋洋地在车间一角聊天、打扑克，厂子已经资不抵债、连个板凳都是银行的了，还有什么可利用的？晚上，我就到陈厂长家打退堂鼓，他再把今后的扭亏设想、对我的具体希望又说了一遍。但我不去的决心已下，他也没勉强。我告辞时，他们两口子从五楼（没有电梯）下来一直送我到街口。我挺抱歉的，走出去远远地回头一望，陈厂长两口子还在路灯下站着看我。那会儿，我感到自己心里好像动了一下。"

这心里一动，就让 y 等骨干一直干到现在。y 说："我们这批也算是集团创业的元老了，大家都有这样的感觉，跟他共事时间越长，我们越不会对当初的选择后悔，他就是这么个人。"

陈志凌成了老板以后，跟员工相处反而更慎重："你冲人家吹胡子瞪眼，人家心里会不会有疙瘩啊？"

"过去企业处于低谷时，靠的是全厂上下齐心努力共渡难关；现在企业改制了，同样得依靠大伙。搞垮一个企业一个人就足够了，可是要搞好一个企业，一个人是绝对不够的。一荣俱荣，一损俱损啊！"

陈志凌说，他看不惯有些人，平时进进出出都是轿车，一开一阵风，呼啦走了、呼啦来了、跟普通员工一年到头照面都不打、高高在上、威风凛凛。"其实，这些老板不明白，没有员工们的辛苦工作，你这个老板还当得下去吗？"今年大年初一，陈志凌上午给加班赶订单的一线操作工人拜年，中午在厂食堂宴请没有回家过年的外地打工仔、打工妹；下午到困难职工家进行慰问、送上红包礼品……

记着这么一条道理：你真心实意对待别人，别人也不会亏待你

记者在厂里走走，发现有许多职工记着厂里的好。

s，来自贵州凯里的 20 岁挡车女工，看上去很快活："厂里管吃管住，合同上的待遇条条兑现，逢年过节还组织出去旅游。临时加班翻倍计酬——我开始不信，第一个月领工资才发现一笔一笔算得清清楚楚。我年纪轻，学技术上手快，现在能挡 32 台布机，去年往家寄了将近 1 万元，今年把妹妹也从老家领来了。"s 以前在不少地方打过工，"之前在一家玩具厂，我们每天早上 6 点开始组装玩具，到天黑累得腰都直不起来，老板许诺加 200 元奖金，可到最后连工资都发不全。"对外来工，厂里发棉被、发饭煲、建浴室，还配备专人打扫宿舍卫生。有的打工妹为了给家里多寄钱，吃饭舍不得点荤菜。陈志凌出了个主意，除了补贴伙食费之外，每星期免费向外来务工人员发张就餐券，凭券到食堂吃一餐荤菜。

i，46 岁的检验工："去年，我被查出胃癌，丈夫前两年去世，我上有年老的婆婆，下有读书的儿子，这治病的钱我到哪里去找？陈厂长除了带东西到医院来看望慰问，还在厂里发动募捐，自己带头捐了 500 元。我手术后回厂，财务会计对我说，陈厂长已经关照了，不但 1 万多元医药费全报，以后还给特殊困难补助……"

青工 t 谈了个家住苏北阜宁的对象。结婚那天，陈志凌特意把自己的"奥迪"让出来，让司机开到上百公里外的农村去接新娘，自己还包了一个红包表示心意。

v，来自安徽的员工。他在演讲稿中这样写道："我带着莫名的寒冷和孤独而来，没想到这里温暖如春，充满关爱。"

布厂工会主席 q 有职有权，职工家庭困难补助，金额在 200 元以下的由她一支笔批条发放。她前不久挨了陈志凌一通批——一名女工的公公去世了，按照厂里不成文的规矩，员工及其亲属的丧事，用车由厂里派。可是当时厂里的车刚巧出了故障，女工来找工会时，q把不能派车的原因解释了一下。陈志凌不知怎么听说了这件事，下午跑来了："车坏了，事还得办。厂里出钱去殡仪馆租车，以后照此办理。"

记者回头再找陈志凌，他说："我们一般员工每个月也就几百元收入，日子不容易。我没有参加工作前家里盖房子，向队办厂借部拖拉机运砖瓦都要赔笑脸、说好话。将心比心，普通老百姓又没有什么社会关系，想借个车、办个事多难啊！"

"要想受人尊敬，光靠成天虎着脸、端着架子能行吗？"

陈志凌牢记母亲的话：你真心实意待别人，别人也不会亏待你。"我把利润用在提高员工收入和福利待遇上，有了凝聚力，企业发展了，最终大家得益。"织造车间原有的44"布机易损件多，质量不稳，市场销路也不理想，陈志凌准备淘汰这批布机。然而，职代会上有员工"唱反调"，说："其他企业也在淘汰这批设备，而产品还有一定市场。如果利用这个机会，低价购进别人淘汰的零部件加以整合，稳定质量，说不定，'走过去前面就是一片天'。"陈志凌马上调整技改方案。如今，这批机器接到的订单源源不断。一年多来，公司的销售额、利润、税金等较往年均有较大幅度的增长，公司也被评为江苏省文明单位。去年，陈志凌先后被评为江苏省劳动模范、江苏省优秀乡镇企业家。

陈志凌是缺乏些老板派头——成天和工人嘻嘻哈哈，威信能树立起来吗？他却说："要想让人尊敬自己，成天虎着个脸、端着个架子能行吗？要想服众，关键还靠自己的为人处事。'正、诚、实、钻'这几个字，我从我母亲那里学到了很多。她在某国营纺织厂当了30多年挡车工，从未迟到过一次……"

陈志凌爱用家庭来形容企业环境，他很不希望员工离开这个家："生产骨干要是想走，我一定会去找他谈心，千方百计挽留。你要是实在觉得外面的世界很精彩，我可以放你出去闯闯。假如还想回来，你就大大方方地回来，我陈志凌欢迎你！"

陈志凌常挂在嘴边的人事公开评议方法也很有趣，甚至让人觉得传统得过了头——管理人员年终评议个人业绩，如果自我测评分数远不如众人评议的那样高，厂部额外为你的谦逊奖励200元；如果自我评分高得过了头，你的年终奖金将会减去200元。

陈志凌平时总是回避应酬。记者见他请过一桌客,赴宴的是南通市某医院的三位外科医生。"厂里有个外地打工仔不熟悉安全操作规程,出了工伤事故被送到医院。医生们为保住小伙子的一节手指辛苦了几天,虽然最后没保住,我还是得代工人谢谢他们。"

"有时间,我宁愿看看书报杂志,像《企业管理》《演讲与口才》《做人与处世》这些杂志,我常看。"他摊开桌边的一本《管理高手》,"多学点东西,心里踏实些"。

陈志凌业余还喜欢"写写弄弄",厂里每年的总结、文件、规章、讲话,都是他自己动笔起草。他拿出一份《今年工作的主要任务和措施》:"你是记者,帮我看看,提点意见。全是我自己瞎琢磨的。"

其中有一段话挺有意思:要使每一个干部员工都更深刻地认识到,最值得尊敬的是为人正直、待人厚道的人;最值得尊重的是能力很强、非常谦和的人;最值得赞赏的是坚持原则、讲究方法、业绩突出的人……最值得担心的是心胸狭窄、不讲情义的人;最值得提防的是口是心非、两面三刀的人;最值得小看的是抬高自己、贬低别人的人……

听上去似乎有些老套,仁义,谦和,善良,忠诚……这一长串的字眼。在21世纪的市场经济环境下,还有企业家在依靠这种传统色彩浓郁的个人道德力量作为支撑企业运转并发挥社会责任的主要手段。这种例子的确不多,可跟现在那些视利益最大化为唯一目标的私企比起来,这仍是一种可贵的力量!

附:

传统:力量与缺失

(人民日报社记者陶峰对《解读"另类"老板》一文写的专题手记)

采访这样一个老板,让我有些困惑:

他是个私营企业主,却真心诚意地善待员工——雇员们对他的人格魅力有口皆碑。

企业资产归属其个人所有,但他又更多地把经营这些资产看作是社会责任。接受采访时，他屡次说道："我能够拥有这些资产，一要感谢组织上对我几十年的培养，二要感谢全厂上下这一千多号工人的信任。企业办不好，我对不起他们。"

在商言商，办企业当然要以追求利润为目的，可他说，钱财到了一定数量，跟个人的生活质量已经没有什么关系了。"人活一世，留太多金钱给后代，对孩子成长不好，不如留个好名声。"这话说得很是真诚。

他未必知道经济学界关于劳资关系的"资本奉献和劳务奉献说"，可他对自己与员工关系和地位的看法，又同这一最新观点存在共通之处。

他肯定没上过哈佛大学的企业家培训班，但是，如果你问他美国总裁们经常被问及的那两个问题："你叫得出每天打扫公司走廊的清洁工的名字吗？今天你跟几个普通员工打过招呼？"他的回答肯定也不含糊。

有学者说：企业家素质由两方面构成，其一是企业的管理技能，而更深层次上的素质则是企业家的现代商业人格精神。在陈志凌身上，我隐约地看到一种现代社会所需要的，具有领导、协调能力和社会责任感的企业家人格精神。耐人寻味的是，这种人格精神的养成并非通过什么MBA课程培训，而是更多地来自传统道德及政工干部中的一些具有活力的积极因素。在向市场经济转轨的社会价值体系重新确立的过程中，在时常听见一些诸如"苯中毒民工黯然回乡"这样让人心头一沉的消息之时，陈志凌的个例就显得弥足珍贵。当然，这与陈志凌本人的成长背景有极大的关系。

有理由相信，我接触到的这个由公有制企业领导人转化而来的私营企业主，可能会成为社会经济学者们乐于研究的一个对象。它至少可以回答一个问题，即传统道德中的积极方面，与现代社会需要的企业家精神，有着许多契合之处。市场经济的发展和一部分人先富起来的方式，并不意味着需要以道德标准的沦丧为代价。但同时，我们也必须看到，传统道德和现代商业人格之间也并非完全可以划上等号。在我的采访资料里，那种"厂子不会不管职工，职工也要忠诚于企业"的观念，与现代企业中人力与资本根据契约频繁接触和流动的特点相对应，从根本上说并不相通；一些"一朝入厂门，就管你终身"的福利保障做法，似乎更多地与过去国有企业退休、养老办法相近，有些"企业办社会"的味道。只是，有的问题并非一家企业所能办到，比如社会保障和医疗保险体系的建立，有的问题则有待相应的制度和规章的完善，需要社会环境的发展和进步。

总之，从陈志凌身上，我们可以发掘说不完的话题。这也正是我们选择他为"特别报道"主角的用意所在。

从业者之歌
——从扛草工到企业掌门人

在南通市星光少儿艺校建校十周年庆祝大会上的发言

2002年11月30日

尊敬的各位领导、各位嘉宾、各位老师：

今天，我作为星光少儿艺校首届学员家长代表前来参加星光少儿艺校建校十周年庆祝大会，感到格外的荣幸、格外的高兴。

十年前，闸西乡党委、政府、五接桥小学的领导们站在教育战略的高度，审时度势，吹响了素质教育的号角，在港闸区乃至全市率先办起了以民族乐器为主的少儿艺术学校，开辟了农村少儿艺术教育的先河。从此生活在闸西大地上的农民子弟吹响了笛子、拉起了二胡、弹起了琵琶、敲击着扬琴……一个个孩子怀着对艺术的热爱与追求，步入了艺术的殿堂。笛声悠扬、琴声阵阵，吹进家庭、响彻田野，给走上富裕之路的农家带来温馨与欢乐，给许多孩子增长了智慧与才艺。

多年来，我一直有这样的感受——音乐能开发少儿的智力。我女儿上四年级前，学习成绩一直处于中游。放学回家，她不是踢毽子就是在场地上跳"房子格子"，不是跳绳就是捉迷藏。自从她参加了艺校兴趣班后，平均每天要花一小时以上学弹琵琶，不但没有影响学习，而且她的成绩一年比一年好，一步步考上了重点初中、重点高中、重点大学，高考前琵琶还考了八级。为此特借今天的机会，向五接桥小学和艺校的老师表示衷心的感谢。

各位领导、各位嘉宾，21世纪，人类社会进入了新的发展时期，社会更需要高素质的复合型人才，人们更需要有高雅的文化生活。党的十六大报告中提出："扶持体现民族特色和国家水准的重大文化项目和艺术院团。"闸西乡党委、政府、五接桥小学的领导们在中央这一伟大号召的鼓舞下，研究部署、精心策划，决心提振艺校雄风、再现艺校风采，非常切合事宜。我作为星光少儿艺校首届毕业生的家长代表、民营企业的法定代表人，今后一定要更好地支持艺校的活动与发展。

最后，预祝星光少儿艺校更上一层楼，越办越红火！

充分发挥主观能动作用
致力化解企业面临困难

——在亲属同事座谈会上的讲话

2020 年 3 月 12 日

各位亲属同事：

下午好！

新冠肺炎疫情的侵袭，给我们劳动密集型纺织企业，无疑带来更多麻烦和困难。如何应对疫情、应对企业今后随时会遇到的困难，确保企业在任何情况下都能平稳运行？我认为在厂在岗的每一位至亲，必须创新思维、苦练内功、精心施策、精准发力，团结带领全体员工，将企业每一项工作做到位、每一项管理抓到底，奋力完成企业各项目标任务。

下面，我向你们提三点要求。

一、带头做好工作

目前，企业面临的主要困难是：接单难、用工难、管理难，加之新冠肺炎疫情的影响，给我们工作带来巨大压力。要将企业撑下去，必须想尽办法、下足功夫克服这些困难，你们每一个人都必须带头做好本职工作。你们每一个人的工作做得如何，都直接关系到企业业主的风险系数、关系到周围同事工作的难易程度、关系到所在部门班组的名誉利益、关系到在职人员的家庭生活、关系到企业向国家缴纳的税金多少。因此，你们每一个人都必须全力以赴地做好本职工作，出色地完成领导布置的各项工作任务，真正做到让主管领导、周围同事和企业业主满意。做工作如做人，人品好工作肯定能出彩。

二、提升管理能力

根据企业目前面临的形势和管理状况，提升管理能力是你们每一位管理人员非常迫切、非常重要的任务。你们在座的每一位至亲分布在企业的各个管理岗位，都肩负着重大的管理责任。你们都是十分善良、正直、肯干、重情、重义、有爱心的人。从严格意义上讲，你们又都程度不同地存在"不会说话、不会沟通、不善管理"的弱点。要克服这些弱点，今后你们必须下功夫做到做好以下三个方面。

（一）学好说话

每次说话前，你们要把想说的、该说的都要考虑好、想办法说好，最终让人愿意按照你说的意思去做。

说话也是一门艺术，学好说话是人人必须掌握的基本方法。究竟怎样学好说话？我认为：1. 把想说的相关事情提前摸清楚；2. 想说的话一定要围绕起什么作用、达什么目的来考虑；3. 把想说的话事前写出来反复推敲、反复修改，用词一定要精准、恰当，做到恶话善说、硬话软说，说就说好；4. 讲究方式方法，做到态度诚恳，面带微笑，语气亲切，真正从关爱人的角度出发，最后让人能理解、接受。如在布置下属工作时，不宜用命令、强硬的语气，尽量用协商、友好的语气，可以说，"我有件事想同你商量、我想请你帮个忙、拜托了、让你辛苦了"等等。管理者如遇到下属工作没有做或没有做好，不宜用批评、指责、埋怨的口气，尽量用询问、启发、鼓励的口气，可以这样说，"你过去工作做得蛮好的，今天怎么了；你应从哪方面着手，采取什么办法，下次要注意。"如遇到约定的时间开会或做事，下属迟到了，可以问今天遇到什么特殊情况了，要不要我帮什么忙，也可以不等他们，相关人今后肯定会注意。被管理者如有上述情形，理应诚恳地说，"我忘记了、大意了，给你们为难、添麻烦了，我检讨、我听从处理，今后不会再发生这种情况了"等等。

过去你们在工作配合上或沟通交流时，往往会生气。我认为，生气不是本事，能把别人不懂的说懂了、不服的说服了、不理解的说理解了才是本事，把自己的事、遇到的问题处理好才是本事，让别人敬佩你、感激你才是本事。

（二）学会沟通

每次沟通前都必须围绕沟通的对象、内容做好功课，力求通过沟通达到解决问题、消除误解、做好工作的目的。

沟通是一门学问，学会沟通是人人必须具备的基本技能。

现在社会有这样一种现象，因为有的人没有学会沟通，说话语气生硬，导致人际关系不和睦，不该发生的矛盾发生了、好解决的问题反而变得不好解决了、容易做好的事情反而变得不好做了。

譬如有的人在家里与父母、兄弟姐妹、夫妻、子女关系不融洽；有的人在工作单位与同事、领导搞不好关系，导致经常跳槽，跑了几个单位还是做不下去，说什么"东山老虎（指企业业主）吃人、西山老虎也吃人"，而当自己做了老板，又认为下属人员不听话、不得力，辞退他辞退你，最后厂关了门，自己老板也做不成，不是自找原因，而是怨恨他怨恨你，根本不起任何作用。

你们可以仔细分析熟悉的人员中，夫妻之间的矛盾、与父母、兄弟、姐妹、亲戚朋友、邻居、同事之间的矛盾。其实绝大多数并没有什么实质性的利害冲突，仅是当事人不会沟通引起的。

现在年轻人离婚率比较高，其中一条重要原因就是缺少沟通或沟通不到位造成的。有的人离了婚再结婚，结果还是不行再离婚，其根源还是不会沟通。

究竟怎样学好沟通？我认为：1.做好背景调查，沟通前摸清摸准被沟通人的相关情况。2.想好沟通顺序，先说什么后说什么。3.选准时机场合，如果被沟通人正在忙碌或心情不好，一般不宜沟通；如被沟通人正在与别人激烈争论时，不宜指责、批评，只宜想办法、调节气氛。4.说清说准意思，避免当事人误解。5.掌握对方心理，沟通时要关注对方感受，力求收到预想的沟通效果。6.借助网络沟通，如遇到沟通的人和事比较紧急，可以通过微信、短信、QQ等形式进行。7.写信予以沟通，如遇到沟通的人和事特别重要、特别复杂，可以通过写信沟通。8.物色合适人选，自己实在不方便或没有时间沟通时，可请最佳合适人选代为沟通。9.真诚真心沟通，作为沟通双方都必须本着实事求是、解决问题、做好工作、处好关系的精神，尽量站到对方的角度考虑，确保沟通效果。10.学习积累办法，平时要善于学习做人做事处世的理论知识和基本方法，注意观察周围人哪些沟通交流方式方法好、哪些沟通交流方式方法不好，从中汲取经验和教训。

总体来说，不论是学好说话还是学会沟通，都必须做到有胸怀、有肚量、有涵养、有担当、有姿态、有境界。要多计较自己，多想想自己的不足和对别人不恭不敬不好的地方；不要以小人之心度君子之腹；不要计较别人，要多想想别人的长处和别人对你好的地方。你的人品好、本事好、业绩好，一定会得到人们的认可与敬重。

（三）精细管理

目前企业员工结构比较复杂，有在厂工作了二三十年的老员工，有近几年招收的熟练工，有不同时期招聘的各类人才，有硕士研究生、大学本科生，有高中生、初中生、高小文化，有极少数员工工作不自觉、不认真，领导不说他就偷懒，领导说轻了没有用、说重了认为是与他过不去，自己没面子、尊严受到侵犯，在工作中闹情绪。这些情况自然向我们企业管理提出了更新更高的要求，你们一定要做好以下几项工作。

1. 管好自己所要管的人和事，确保在自己管理范围内，不论在任何时候、任何情况下不出一点差错，确保本职工作一直处于优质、高效、有序运行状态。

2. 平时要注意围绕领导的意图和决策开展工作，绝不能事不关己、高高挂起。

今后，你们只要知道了涉及影响企业生产、安全、经营、管理、利益、声誉等有关的人、事、话，不要分分内分外、不要顾这顾那、不要做舆论的影子。只要对企业有利，你们能直接解决的就直接解决，你们实在无法解决的，就必须向主管领导或向我汇报，直至问题解决为止。汇报不是告状，而是沟通交流、职责所在，其目的在于解决问题、维护企业。

3. 企业管理不能只管非亲属员工，不管亲属员工。从某种意义上讲，对亲属员工更应该严格管理。作为亲属员工更要正确对待管理、带头接受管理、积极支持管理。

三、加强团结合作

今天在座的有我的至亲、也有我爱人的至亲。当初，你们选择进我所在的企业或我请你们来我所在的企业工作，都是因为彼此了解、信任，都怀着搞好企业的美好愿望和决心。

多年来，你们努力工作、紧密团结、通力合作，为企业生存与发展做出了一定的贡献。

现在企业面临的形势比较严峻、任务比较繁重、需要解决的问题特别多，这更需要你们进一步加强团结、推进合作，充分发挥亲情在企业管理中的优势和作用。

1. 日常工作中，你们之间更要多尊重、多关心、多联系、多理解、多担当、多包容。真正做到团结得像一家人一样。

2. 日常工作中，你们更要注意处理好工作与亲情的关系。

工作，涉及自己的事业、涉及企业的兴衰，所以不论在任何时候、任何情况下，工作总是第一位的，不能因为亲情而影响了工作。

亲情，有血缘关系，任何人无法改变。礼节上理应尊重长辈、关爱长辈；工作外理应关顾亲情、倾注亲情；工作中理应分上下级、分管理与被管理、分对错、分对企业有利还是没利。工作中应该将亲情转化为履职尽责、配合工作、支持管理的动力。管理者该说的要说、该管的要管、该考核的要考核，不宜考虑、照顾亲情；被管理者该做的要做、该服从的要服从，不能因为与业主有亲情关系而要求领导和同事照顾、倾斜、包庇。工作中一定要坚持"一事一议、就事论事、谁正确就支持谁、谁不正确就帮助谁"的原则。工作中如有疏忽、有失误的当事人，应知错改错，不能犯错不认错，更不能怨恨指出你错误、帮助你的人。

请你们相信，我与我爱人、女儿女婿，一定会站在公正的立场上，一定会正确辨别是非，绝不会听信一面之词。你们之间也不能为一件事、一句话、一个矛盾而影响亲情和工作。如果一个人亲情关系处理不好，是最容易让人瞧不起、信不过的。

我认为，你们之间没有任何理由处理不好关系，没有任何障碍协调不好工作，你们之间不存在任何名利之争和利害冲突。如果你们之间搞不好关系，势必给企业管理带来难度、给我及我的爱人、女儿女婿为难，我们也会感到痛心。

作为我来讲，要尽最大努力继续关爱你们、帮助你们、支持你们。如我有做了不到位的地方，请你们指出来，我会乐意接受、及时改正。我的最大目标和愿望，就是要把厂搞好、方方面面的关系处理好，特别想把你们培养成为企业的栋梁之才。

今后，我会不定期地与你们座谈或个别交谈，要请你们汇报履职尽责、学好说话、学会沟通、团结合作等方面的情况，我会逐一点评。目的在于帮助你们进一步搞好沟通、协调，树立威信，提高管理能力，促进企业管理更好更快地朝着科学化、规范化、高质量的方向发展。

第三篇 业中感言

　　四十六年，在历史长河中仅是短暂的一瞬间，但对人的一生来说是何等的漫长！我无法让时光倒流，却可以把自己从业过程中悟出的道理用简洁的语言表达出来，供年轻晚辈们学习参考，使他们不至于像社会上有些人那样，直到接近退休时，才明白一些为人处世的道理与方法。

源于实践的真知灼见

1. 千学万学，先学做人后学做事；人做好了，才有人愿意与你接触交往、合作共事，帮助支持你。

2. 做人必须坚持做到正派、诚实、善良、能干、担当、进取、奉献；必须坚持做到尊重人、关心人、理解人、宽容人、帮助人。

3. 人要不断培养和提高生存自强的能力，牢牢掌握自己的命运。

4. 人要多看别人长处、多找自己短处，以人之长补己之短。

5. 兼听则明，偏听则暗。要善于听取、收集方方面面的意见，绝不能听不进半点不同或反对意见，要学会全面地、客观地、正确地分析、判断、处理各种意见。

6. 怕苦怕难怕吃亏的人，最后一定是更苦更难更吃亏。

7. 人要有正义感、责任感、使命感，最后才会有安全感、成就感、满足感。

8. 人要坚持做到：耿直而不幼稚，热情而不失度，谦和而不庸俗，严谨而不呆板。

9. 人生在世，吃穿用靠自己努力就够了，绝对没有必要去算计人、坑害人，做违法违纪的事。

10. 人活着要有宽松的环境，必须处理好夫妻、父母亲、兄弟姐妹、亲戚朋友、邻居等方面的关系；必须处理好与自己工作有直接或间接联系相关人的关系，这样才有好心情，才容易干好事业。

11. 爱是一盏灯，明亮别人，也温暖自己。

12. 人前人后一个样，最终尝甜头；人前人后不一样，最终吃苦头。

13. 宽宏大量的人最后收获多多，斤斤计较的人最后一无所获。

14. 人的脾气、傲气、小气会决定人的一生。不能轻易发脾气，不能有一点一滴的傲气，也不能小气。

15. 人有自尊心，才会处处严格要求自己，追求完美；人没有自尊心，就会不努力，必然会让别人瞧不起。

16. 面子不是装出来、要过来的，而是靠自己实实在在做出来的。你想别人尊重你，你就必须要有值得别人尊重的地方。

17. 人要有进取心，不能有虚荣心。不该你表现时，千万不能表现；该你表现时，只能适度表现；不能在人面前表现得什么都懂、什么都能，结果自己一件事也做不好，最后还是让人看不起。练好"内功"远比练好"外功"重要。

18. 说话要注意对象、场合、分寸、角度、表达方式；要注意内容、语音语速、面部表情及手势；要注意观察听者的感受。有些事情要多做多说；有些事情要多做少说甚至不说；有些事情必须做、经常做但未必经常说，尤其不能不分场合、不分对象地乱说。

19. 正常情况下，让人听了不开心的话不宜说；让人容易引起误解和产生矛盾的话不宜传。特殊情况下，对人对事实际上都是有利的，该说的话还是要想办法说好，该传的话还是要想办法传好。

20. 看不起人不是本事，让人看得起才是本事。一个人的水平再高、本事再大、取得的成绩和荣誉再多，也不能固步自封、骄傲自满、看不起人。因为有的人学识、本事没有完全显露出来，有的人还在暗暗努力。

21. 人有能力有政绩，家族富裕，再谦虚点、沉稳点、厚道点，赞成你、支持你的人一定会更多，你的工作一定会更好开展，你的事业一定会更快发展。

22. 不能把机遇看成是才华，不能把组织给的平台看成是本事。得意时不要忘形，失意时不要失志。

23. 人一生最最重要的——唯有事业。事业成功了，才会有理想的爱情、美满的家庭、幸福的生活；才能孝敬父母、培育好子女；才容易被周围的人认可、爱戴。

24. 改变不好的习惯就能减少许多麻烦和痛苦。

25. 讲文凭更讲水平，讲职称更讲称职，讲阅历更讲能力，讲资格更讲业绩。

26. 幽默是快乐的杠杆，是幸福的源泉，是社交的润滑剂。

27. 一百句话中，如果有一句谎言，那剩余的九十九句真话也值得怀疑。

28. 做一行爱一行，其乐无穷；做一行怨一行，一事无成。

29. 今天你做别人不愿做的事情，明天你就会得到别人得不到的东西。

30. 工作自认为做好了没有用，领导和同事认可了才有用。

31. 看自己本事和成绩的时候，要看到周围人对自己的帮助和支持。

32. 勤劳能干的人处处受欢迎，懒惰无能的人处处遭人嫌。

33. 遇事讲道理，事事都顺利；遇事不讲理，处处被人厌。

34. 管理者的决策和结论，一定要在调查研究、认真思考之后，绝不能在它之前。

35. 理论是将简单的东西复杂化，理念是将复杂的东西简单化。管理能力就是看你化繁为简的能力。

36. 下属人员请示工作时，自己没有想出答案前，尽量用恰当的语言表达，并要尽快给予明确答复，绝不能沉默或不了了之。

37. 有作为才会有地位、有实惠；有地位有实惠，今后才会更有作为。

38. 领导，通常最喜欢的就是那种正派、诚实、能干事、不惹事、出金点子、敢讲真话的人。

39. 工作中用人，不是找最亲近的人，而是找最能把事做好的人。

40. 最好的策略是诚实，最灵的方法是沟通，最佳的结果是圆满。

41. 人生要美满，必须完成好每一个阶段的任务。在学校就要完成好一切学习任务；参加工作了就要完成好一切工作任务；到了谈婚论嫁阶段就要完成好择偶任务，找一个诚实善良、聪明勤劳、好学上进、胆大心细、活泼可靠、重情重义、通情达理、厚道低调、处世方圆、身体健康、家境尚可（家庭成员素养、身体、经济等方面没有明显问题）真心爱你的人；组建家庭后就要经营建设好家庭、孝敬好父母、培育好子女。

42. 年轻时，由于缺乏阅历，做事常常会碰到无数个"第一次"，常常不知道从哪里做起。要做好"第一次"的事情，一是向有经验的内行学（不要不好意思、不要放不下架子，不懂就问，一般没有人笑你的。如果你做了一段时间，对自己所做的事还一无所知、一无所获，别人是要笑你的）；二是向书本学、向实践学（大胆地闯、细心地试、用心地做，最后一定能如愿）；三是写好方案（反复推敲、精心修改、切合实际、便于操作）、一做到底；四是事情做好后再回顾总结，征询方方面面的意见，持续改进。这样，做事才会越做越精细，能力才会越来越提高。

43. 人生存发展的基本能力、社会常识、做事方法等很重要，父母要精心营造轻松快乐的氛围，想好方式方法，让子女从小在潜移默化中不断学习，乐意接受。学得越早，享用的时间就越长，快乐就越多，收获就越大。

44. 与其计较别人的态度和看法，不如自己奋发努力、提高本领。你的本领不如别人时，别人会看不起你；你的本领与别人差不多时，别人不会看重你；你的本领比别人强三分时，别人会忌妒你；你的本领比别人强十分时，别人一定会从心底里佩服你。

45. 最好的就业舞台，就是最适合你施展才能、成就事业的舞台。一根稻草丢在路边是垃圾，扎在白菜上就能卖出白菜的钱，扎在螃蟹上就能卖出螃蟹的钱。

46. 父母的知识、财富、名望不是自己的。自己要有知识、有财富、有名望，就必须持续不断地学习、努力、进取，这样才能真正体会到其中的乐趣，才能为自己的子女做出榜样，自己的晚年才会真正幸福。

47. 善于借鉴别人的成功经验，吸取别人的失败教训，才能确保自己少走弯路、少吃苦头、少受挫折，才能确保自己把想做的事做得更好更快。

48. 要珍惜自己已拥有的和眼前的，不要盲目去追求遥远的、毫无希望的。

49. 要经营好自己的人生，最好在初中毕业前，在父母、老师精心正确的指导下，尽量考虑、选好自己的学业方向和从业方向。到了30岁左右，必须选准、确定好终身从业方向，一步一个脚印地朝前走，致力把自己培养成为同行中专业水平高、业绩最突出的顶尖人才。

50. 一个人从小就应养成爱观察、勤思考、善做事的习惯；不断培养自己不怕苦、不怕难、不怕烦、不怕挫折的品格；不断摸索、掌握学习做事的内在规律和方式方法；要有别人做不到的我一定能做到、别人能做到的我一定能做好的信心和勇气；要有不做则已、要做就做得最好、不达目的誓不罢休的决心。

51. 工作中除了自己奋发努力外，还要善于利用方方面面的积极因素，学会转身、适度变通、整合资源，借助一切可以借助的力量去出色地完成自己的工作任务。

52. 该做、需做的事不管困难阻力多大，还是要想办法努力去做好。要成就事业，必须做到知难而进、迎难而上、化难为易、持之以恒。做事难，不做会更难。半途而废等于没做。100℃的水才是开水，99℃的水不是开水，功夫没有少花多少，就是不宜饮用。

53. 人必须做到有恩必报、有怨不计、以德报怨，这样你才会活得轻松、人脉关系才会越来越广，喜欢你、支持你的人才会越来越多。

54. 在职场，一切以做好工作为目标、解决问题为前提，不能完全"唯书、唯上"；不能完全"按部就班"、做舆论的"影子"；不能瞻前顾后、畏首畏尾。自己一定要有主见，不论采取什么办法，通过什么途径，只要能把工作做好、问题解决就行。

55. 要成就事业，一定要有超前的意识、发展的眼光和顽强拼搏的精神；一定要有敢闯敢试的勇气；一定要有原则性和灵活性相结合的方法。

56. 做每件事前一定要摸清相关情况，制定完整、科学、切合实际、可操作性强的实施方案，征询方方面面意见后全力组织实施。考虑到有利的一面，也要考虑到不利的一面，更要考虑到自己承担风险的能力。做好风险评估，绝不能因一事失败而导致自己前功尽弃、百般悔恨。

57. 人不能满足一时一事的成功，要追求一辈子的成功。

58. 在职场，不能急功好利。特别是在考虑自己名利得失时一定要考虑、维护好合作者、支持者的名利得失。

59. 在职场，社会变数多、诱惑多、风险多，一定要保持定力，不能跟风、随大流。别人说你好时，要想想自己有没有那么好；别人说你坏时，要想想自己有没有那么坏；真有坏的地方必须立即改正。

60. 不论在任何时候、任何情况下，绝不能被假象、金钱、美色、权势、贵重礼品、花言巧语所迷惑。做事一定要守住法律底线、道德底线、风控底线。

61. 凡是值得做、必须做、可以提前做的事，一定要提前做好，免得遗忘或花精力去记。凡是需请别人配合、帮忙的事，一定要提前与别人说清楚，以便别人早安排、早准备，必要时，要把相关情况写清楚，甚至还要为别人想出帮忙的具体办法。

62. 每天要做的事，前一天就要考虑好、安排好先后顺序，确保每天的事都做好，确保每天都有空余时间应对突如其来的事务。每天下班前要仔细想想今天该做的事有没有全部做好，如有没有做好的事，就必须立即想办法补做，达到预定目的。

63. 遇到再大困难和挫折，急、气、怕、怨天尤人都是没有用的，只有冷静思考、找准方向、抓住关键、想好办法、全力破解才顶用。

64. 夜深人静，是睡觉休息的好时光，也是思考问题、解决难事、书写大事方案的好时光。

65. 一个单位负责人，必须想好做好本单位其他任何人都无法替代的事；如有人可替代做的事，就应让可替代的人去做，必要时单位负责人可适当询问、指导。

66. 一个成功的老板，必须做到别人不能吃的苦和亏你能吃，别人不能听的话你能听，别人看不惯的事你能看得惯，别人不能忍的事你能忍。

67. 在职场，要根据自己的工作职责和处境，制定好应对突发事件的预案。

68. 困难面前，要调整好心态。克服的困难越多越容易成熟，要把解决困难看作是自己经受锻炼的好机会、展示才能的好舞台。只要有决心、有信心、有恒心、用心想办法，任何困难都可能克服。作为领导，尤其在特大困难面前一定要充分表现出自己足够的信心，拿准主张。这样周围的人才会有信心与你一起想办法去战胜困难。

69. 要想做一名成功人士，必须做到聪明、精明、开明、高明，必须做到有智慧、有情商，必须做到说话让人开心、做事让人感动、做人让人想念。

70. 一个人的高明之处就是别人没有想到的你想到了，别人没有做到的你做到了，别人没有做好的你做好了，别人不能解决的问题你解决了，别人处不好的关系你处好了。

71. 做事不但要有良好的开端，更要有圆满的结局。

72. 看人看事不能只看表面，一定要看到细微之处、核心本质、相关因素。

73. 处理矛盾，首先要深刻地剖析矛盾，然后要抓住主要矛盾和矛盾的主要方面。

74. 做事不能优柔寡断，一定要想到该断则断、不断则误；一定要做到摸清情况、当机立断。

75. 人生在世，必须坚持处理好"情面、体面、场面"与做人、处世、工作的关系。该给能给的情面一定要给，一时给不了还必须说清楚约定时间给；不能给的情面必须说清楚，一时不宜说清楚，就必须用时间换空间、变通办法说清楚。必须讲究的体面还是要讲究的，免得自己或别人尴尬下不了台。必须讲究的场面还是要提前策划好、布置好，充分展示自己对他人的热情和做事的水准。

76. 人在职场，提防"小人"很重要。因为"小人"的心思不是花在做人做事做学问上，而是花在搞阴谋、走捷径、暗算人上。要尽量避让这些人，一时避让不了，就必须十分小心、加倍提防。

77. 领导所用之人，必须事前了解好、考察好、筛选好，达不到用人标准的宁可不用。准备聘用的人，尽量通过各种渠道了解他过去做人做事、脾气性格、业务能力、工作实绩、人际关系等方面的具体情况；一定要将职务、工作内容和要求、报酬待遇、双方权利义务、违约责任等，在聘用协议上一一写清楚。要建立良好的用人机制和考核约束、监督机制，用制度管人、育人。所用之人尽量用其所长、避其所短、控其所险，恰当安排、适当考验、综合使用。

78. 读书重要，反反复复读好、领会好、应用好一本实用的书，比看十本一般的书更重要。看书的目的就是为了运用，运用的效果只有通过实实在在的业绩才能反映出来。

79. 善于收集、整理、保存、应用与自己事业相关的资料，一定能收到事半功倍的效果。

80. 工作再忙，学习不能忘。要成就事业，就必须学好、用好政治经济学、哲学、逻辑学、心理学、人文科学、医学、法学、公共关系学等方面的基本原理和常识。要坚持做到带着问题学、结合工作实际学、急用先学、边学边用，收效一定会更理想。我的方法是把实用性强的至理名言尽量背下来、抄下来，优秀可参考的文章、书籍尽量收集保存下来。有空时再拿出来看看，非常省时省力有效。

81. 要干大事、成大业，必须具备文学家的文笔、演讲家的口才、政治家的眼光、哲学家的思维、法学家的逻辑、军事家的胆略、科学家的严谨、企业家的理念、记者的洞察力、运动员的毅力、地质考古队员的吃苦精神。

82. 人在职场，善于对一件事、一个阶段进行总结分析，离成功就不远了。做好总结，大有裨益。

83. 一个人要防避风险、远离危机，就要有理智、能自控、不冲动，避免"一失足成千古恨"。就要坚持做到居安思危，顺时要想到不顺时，更要想到危机来临时如何化险为夷。

84. 一个优秀领导，必须具备非凡的人格魅力、卓越的领导才能、超群的业务水平、顽强的拼搏精神、果断的办事风格、独特的处世艺术。

85. 人没有退路时，才容易做到不惧艰难、不怕吃苦、不畏冒险、敢闯敢试、奋力拼搏。因此，想成大事者应一直将自己置身于没有退路的境地。

86. 人要善于掌握、安排、利用时间；工作与学习重要，注意休息、保重身体同样重要。

87. 解决重大问题，一般是先分析后综合，在分析过程中综合。分析就是分析矛盾，把统一整体分解为各个部分、方面和要素来考虑。综合是综合分析的结果，就是在分析考虑的基础上把各个部分、方面和要素联结为一个整体来认识。分析不是简简单单地分，而是依据事物的性质、特点和内在联系来分；综合也不是随随便便地合，而是依据事物的逻辑规律来合。分要分得开，合要合得整。在实际思维活动中，往往是分析中有综合，综合中有分析，分析的过程就是综合的过程、思考解决问题的过程。

88. 任何人时间、精力都有限，思想认识难免有局限性、片面性。因此，任何人都需要帮助，批评就是一种帮助形式。人人都会帮助人，人人需要人帮助。也可以说，人人都会批评人，人人需要人批评。

89. 管理首先是做正确的事，它可以使我们取得成果；然后才是正确地去做事，它可以使我们提高办事效率。

90. 中层管理者不仅要带好自己的小团队，同时还要融入整个组织的大团队。双重的角色，决定了中层要想当好管理者，必须先当好被管理者。要从最基层做起，熟悉每一个环节，这样才能方便今后的管理、决策。在具体实践中，你可以有自己的想法及有个性的操作方式，但是在组织决策面前，服从永远是第一位的。如你认为组织决策有明显问题，可以找相关领导单独沟通，以确保组织决策的完善和执行。

91. 管理十个人时，你必须站在前面，亲力亲为、做好表率；管理一百个人时，你必须站在中间，既做又管、搞好协调；管理一千个人时，你必须站在后面，讲究策略、掌握实情、抓住关键、理顺关系、驾驭全局、让人敬畏。

92. 企业就是在不断地发现问题、解决问题的过程中发展的。企业管理的本质就是管理问题。

93. 管理问题的前提是能够发现问题，找到问题的症结，并预测有可能发生的问题和矛盾。

94. 建立流程化问题管理模式，首先建立有评价标准、有责任制度的问题管理机制；其次建立一条快速、高效的管理通道，分清轻重缓急。特殊情况下必须抓的根本问题和相关小事也应一抓到底，不能因小失大。真正使管理工作完全建立在问题解决这一核心上。

95. 结交方方面面综合素质好的朋友是必要的。结交朋友只能由浅入深、由疏到亲。交友要交心，合作要共赢，尽量不给朋友添麻烦。结交朋友，只能指望他在你迷茫时指点你，在你困难时鼓励你，在你正确时支持你；绝对不能自己不努力、依赖朋友，更不能指望朋友在你遇到困难时如你所愿、在你犯错时包庇你。

96. 在人面前说你好的朋友是真朋友；单独一针见血指出你错误缺点的朋友更要百倍珍惜！

97. 不分是非、十分自私、容易冲动、做事不计后果的朋友，不但不能结交，而且要远离。

98. 一切客观事物都是互相联系，并具有内部规律的。想大事、做要事、破难题都必须从宏观与微观、理论与实际、历史与现实、眼前与长远、利弊得失等方面综合考虑，不能片面、静止、孤立地考虑问题。

99. 一个人的思想，往往来自于他所生活、工作的轨迹。不同出身、年龄、学历、经历、身份、家庭状况的人，具体想法、脾气、做事风格往往是不一样的。深入了解一个人，必须从不同角度、不同时期、不同层面去分析认识；与人相处，一定要善解人意，尽量多体谅人、帮助人。

100. 人生要出彩，一定要学会拒绝。要尽最大努力把时间和精力花在学习工作、孝敬长辈、培育子女等方面，不宜花在做毫无意义的事情上。

第四篇 业外收获

　　我将从业中不断学习、掌握的做人做事做学问学处世的道理与方法，用于引导、教育女儿，颇有收获，倍感欣慰。特编一辑，与大家分享、交流，品味业外所获的幸福与快乐。

潜心培育女儿成人成才

我走上社会，一直从事的是群众性工作，对观察人、了解人、帮助人、培养人有比较系统的理解与感悟。工作中经常听到、碰到的有这两种情况：一是赡养父母与兄弟分家的矛盾，这些人中，有相当一部分对做人的基本道理和做事的基本规矩几乎不懂，挣钱比较困难，自己生活拮据，赡养父母拿不出钱，兄弟分家时能争多少就争多少，忘掉兄弟情义；二是社会上许多有学问、有成就、有名望的人，往往抱怨子女不听话、不懂事、学习不用功、工作不努力，经常为子女劳心伤神、苦恼不已。仔细分析上述两种情况，其主要原因是父母忽视了对子女的"早期教育"。一个人把自己的工作做好固然重要，培育好子女同样重要。这不仅是为人父母的责任和义务，也是减少自己烦恼、欢度晚年的依托。

我认为对子女负责，就必须从他（她）生下来开始就好好教育，这样做既省时省力，效果又好。因为小孩刚生下来，对外界的一切事物都感到新奇、都有兴趣，你教他好的东西他就吸取好的东西，若听了、看了、学了不好的东西，他就吸取了不好的东西。当子女渐渐长大了，父母发现他（她）有不对的地方再同他说，总感到效果不好。因为多年形成的思维和习惯，不可能通过几句话、几件事、几天就能改变。

我对女儿的教育步骤和方法有以下十个方面。

一、取个有寓意的名字

名字仅是一个人的代号，为小孩取个上口、通俗、有意义的好名字重要，从小用他（她）的名字引导、教育、鼓励他（她）更为重要。女儿一生下来，我征询爱人意见后，就把她的学名定为陈力佳，其意是既然把她生下来就一定要下功夫把她培养成人成才，成为社会的佼佼者；小名定为力佳，其意是让她从小一切都要努力学好,从小就要听大人的话、懂事理、分对错、好学习、爱劳动。

二、想方设法示范引导

她满月那天,我发现她把奶瓶抱得比较紧,我就松了手,奶瓶竟然没有掉,从此往后奶瓶一直由她自己拿。

她生下来几个月后,我就把她吃的东西先让给我的父母或爱人吃,然后他们再拿给她吃,让她慢慢知道,好吃的东西要大家一起分享。她上初中时,有一次我爱人把好吃的东西推给她吃,她笑着对妈妈说:"你不能宠我,不能教我从小学会自私。"

她小时候,我经常利用夜间看书、学习、写材料,有时是半夜,有时是大半夜,有时是一夜。这些情况我从未告诉她,我爱人却经常告诉她,她听后都很受感动,特别是听说我一夜没睡,第二天还要正常上班时,她显得非常惊讶。

我有两个堂侄女,比她大几岁,住在我家旁边,学习非常用功,成绩很好,家务事也做得比较多。我们就有意让她经常去和她们玩,让她充分感受到浓厚的学习与劳动氛围。

三、不失时机与她交流

女儿上幼儿园大多数是我接送,因为爱人既要上班,又要种三亩多承包田。我经常要外出开会、参加社交活动,晚上往往不能按时接她。晴天还无所谓,她可以在外面玩;雨雪天不好在外玩,只好在幼儿园传达室等我。开始几天她经常哭,我一去就抱她、亲她、向她打招呼,解释来迟的原因。在上学放学的路上、饭桌上、睡觉前、起床前、陪她玩的过程中,通过潜移默化地影响她、有意引导她。她问什么问题,我尽量用她听得懂的语言回答,有时围绕"真、善、美,假、恶、丑"讲一些故事给她听,不断引导她向好的方面学习,培养她优秀的品质和辨别是非的能力。

女儿懂事起,我与她反反复复地说,我与你妈都是乡办企业工人。因为乡办企业基础差、随时随地可能关门。家里建房向人家借了许多钱,你一定要好好学习,不能乱花钱。上初二时她问我们,班上同学家里都很有钱,我家为什么没有钱?我们回答她,因为我们没有上大学,没能找到收入高的工作。

她上中学,有一天吃晚饭时,我借题与她讲了一些道理,我女儿脱口而出:

"爸爸，你总是不失时机地教育我。"

四、教育她从小不任性

女儿开始上幼儿园，有时不能满足她的要求，她就会赖在地上哭。这时我或爱人就叫她站起来，同她说，一是躺到地上衣服会脏的；二是躺到地上人家要笑你的，这是不讲道理的表现；三是数三个数后不站起来就要体罚。她被轻轻打了一次后再也不敢躺到地上哭，最多蹲在地上。春秋季节她穿的几件衣服袖口不齐，她哭个不停，要求我们把她袖口弄齐。衣服有新旧大小，不可能齐整，不弄齐整，她就不肯去上学。连续几天都是这样，我与我爱人多次同她解释没有用。有一天早晨她又是这样，我把她的书包放到桌上，我悄悄地同我父亲说，我上班去、不带她去幼儿园，你让她哭一会儿，等她看不见我时，你去跟她说，难怪你爸爸发火，我穿的几件衣服袖口也不齐，今天我送你去幼儿园，如果今后你还是这样，就没有人送你了。从此，她再也没有发生过这样的情况。

秋季开学不久的一天，她上幼儿园大班放学后，要求我买棒冰给她吃。我想刚下雨，天气不热，就没有听她的。她坐在我自行车横杠上两脚前后晃荡，坚持要求我买棒冰给她，不小心右脚后跟轧在自行车的前轮小脚与钢圈之间，到医院缝了四针。我很心疼，但还是没有买。事后我与她进一步讲道理，最后她还是理解了。

她小时候，我经常出差，从来不带任何东西给她，她也不指望，从不翻看我的行李包。

作为父母，喜欢孩子是自然的必须的，但绝对不能盲目地依他（她）、惯他（她）、宠他（她），否则会害他（她）一辈子，也会影响自己后半生的幸福。

五、养成独立作业习惯

女儿上小学时，她经常要求我们家长教她做作业，我想，不能依她。因为家长经常教她做作业，一是她上课就容易开小差、不认真听讲，作业不会做，反正有父母辅导；二是久而久之会养成她的依赖性，一有困难就找父母，这对她的学习与成长极为不利。有一天晚上，女儿做作业时问我："用'多么想'这个词怎么造句？"我启发她说："课堂上老师肯定讲过类似的例题，你自己认真复习后再做作业。"过了一会儿，她高兴地对我说："爸爸，我会做了——我多么想变成一只小鸟，在天空自由飞翔。"我郑重其事地对她说："力佳，从今天起，作业必须独立完成，我与你妈没有时间教你，你上课一定要认真听讲，课后认真复习、融会贯通、举一反三，实在不懂做的题目可以请教老师、与同学讨论，不要指望我们教你，今后多阅读课外书籍，没有这方面的书籍，可以向学校、老师、同学借，也可以到新华书店买。"从此往后，直至高中毕业，她的作业几乎是独立完成的。她独立思考、解决问题的能力不断增强，中考、高考期间，不要家长陪伴、辅导、接送，到国外读研、找工作等都是自己联系的，平常不给家人添麻烦。

六、送她参加语文培训

小学二年级放暑假，听说某校在办小学生语文培训班，我觉得很好，她也感兴趣，就把她送去培训。然后每年放暑假，我都想办法把她送去培训或请语文老师辅导她。她渐渐对语文产生了兴趣，也喜欢看点课外书籍。她上四年级，每天中午来我厂搭伙时，喜欢看《参考消息》，不来厂就要求我把《参考消息》带回家。从四年级起，她在班上的语文成绩一直名列前茅，其他学科的成绩也明显好了起来。

七、辅导她学写"认识"

从女儿上四年级开始，当她犯错、考试不好时我就与她交谈，要求她写"认识"。一般都是先让她讲为什么会犯错，为什么会考不好，今后该怎么办。当她讲完后，我再心平气和地指出她的不足，耐心同她讲道理，然后教她写"认识"（草稿写好后我再帮她修改，修改的地方同她讲，为什么要这样改，改好的草稿再让她誊写一遍）。"认识"写好后再陪她做游戏，玩一会儿。这样做一是让她知道，犯错、学习不好，在父母面前是过不了关的，今后必须注意；二是让她知道，能认识到错误，父母还是喜欢她的；三是让她练习写作文，培养她阅读课文和课外书籍的兴趣。高考时，她的语文取得了南通市第三名的好成绩。

八、满足她的合理要求

要想孩子听得进父母的话，父母也应学会听得进孩子的话。女儿9岁时，我家建厨房，有一天傍晚，我母亲把院子外的凳子搬到院子里，我对母亲说，院子小、凳子瓦工们还是要坐的、先别搬。女儿立即批评我："爸爸你不对，奶奶帮你做事，你还批评她。"我连忙说："小孩，你说得对。"

从女儿懂事起，她每次向我提的要求，只要合情合理，我总是尽最大努力满足她，让她在我肩上骑"高马"，一直骑到 11 岁。有时实在不能满足她，就向她耐心解释，一定让她理解，让她真正感受到父母的挚爱。这样，她有重要的话喜欢与父母说，父母说的话她也容易听得进。

九、不能让她有优越感

　　她上一年级，中午在我厂搭伙。一天中午她在食堂买饭菜时，我的一个同事同她开玩笑说："力佳，这里的菜不好吃，你爸爸在陪客人，那里有好吃的。"她来到我就餐的小餐厅说，爸爸，今天食堂的菜不好吃。我同她说："我厂几百个人能吃的菜，你为什么不能吃？你不可以在这儿吃饭，你还是到食堂去。如果你在这儿吃饭，人家要笑你的，也会笑我的。"她听了我的话后还是到食堂去了。

　　中午女儿到厂来，有时有些同事喜欢给她零花钱，我发现后问清楚，让她一一退回，并对她说，别人的钱是劳动所得，来之不易，你不能拿。同时我向有关同事打招呼，不能给我女儿零花钱，不能让她从小收受别人的钱，不能让她从小不劳而获，要让她懂得自己想有钱就必须好好学习、热爱劳动。

　　她 11 岁时，有一天晚上与学乐器的同学们一起乘车到市文化宫演出，回来时学校包的客车只到校门口，然后由家长负责接回家。那天正好我岳祖母去世，我没有安排人去接她，让她自己背着琵琶，单独骑着自行车回家。当时，我家住在比较偏僻的农村，有四五里弯弯曲曲、坑坑洼洼的乡间小路（没有路灯、全是泥路），她骑车到家已是夜里十点多钟了。

　　当她学习不认真、犯错时，我偶尔会对她发发火，严厉批评她。初一考语文，她把"礼貌"写成"理貌"，我发现后非常生气，问她怎么会错的，难道你到现在还不会写礼貌的"礼"？她说："我错了，我会写，今后考试一定细心。"

　　她在市重点中学初中毕业前，非常想继续留下来读高中。中考成绩发布的那天中午，我得知她的中考分数比这所学校的高中录取分数线只高 1.5 分，我觉得很险，打算教育她一下。当时我装着非常严肃的样子同她说："你怎么搞的，你的中考分数比你校高中录取分数线差 1.5 分，你平常贪玩，现在看你怎么办。"她听后脸色变了，眼泪出来了。我同她说你现在哭有什么用，你将这次中考的"认识"和今天下午的感受及今后的打算写出来，今晚交给我。到了晚上我等她将"认识"给我后，才把骗她的理由向她讲了，她才破涕大笑，一边打我，一边骂我"臭爸爸"。我笑着同她说，往后爸爸保证不骗你了，你今后学习不认真时就看看今天下午写的"认识"、想想今天下午的感受,要知道高考时差 0.1 分也不可能上大学的。高一学校统考,她的总分在 500 多名同届同学中仅仅排在 200 多名。而到高考时,她的总分是全校第 5 名,比她就读的名牌大学录取分数线高出 16 分。

总之,父母不能让孩子从小感到有优越感。否则孩子就会放松对自己的要求,就会撒娇耍横、玩小孩子脾气,就会学习不用功、不愿吃苦、看不起人,就会动脑筋向父母提条件、要钱要物、贪图享受。

十、适时为她导航定向

女儿小时候来我单位,我的有些同事经常开玩笑地问她:"力佳,你是怕爸爸还是怕妈妈?"她天真地说:"我怕爸爸嗓门大,怕妈妈打。"

女儿 10 岁那天,我同她说:"力佳,你现在已经 10 岁,开始懂事了,从今往后爸爸对你一定不嗓门大,妈妈也不打你了。"她听后连忙拍手跳起来说:"今后爸爸不嗓门大、妈妈不打了。"我趁热打铁对她说,今天我送你"三句话",今后你一定要按照这个去做,不然爸爸还是要嗓门大,妈妈还是要打的。女儿爽朗地答应了。我送你的第一句话是"懂道理"。从今天起,要学会分清是非,什么是对什么是错,什么该说什么不该说,什么该做什么不该做。今后你说得不对、做得不对,我要批评你;你说得对、做得对,我们就肯定你、表扬你;今后我们如果有说得不对、做得不对的,你也可以批评我们,我们说的做的哪怕有一点错,你批评,我们也乐意接受。第二句话是"好学习"。你要把学习作为乐趣,不能作为负担,学习好了我们喜欢你、老师表扬你、同学赞赏你;学习好了将来就能考上名牌大学、成就自己的事业,自己能决定自己的生活。第三句话是"爱劳动"。你从小要学会做事,不能懒惰,不管跑到哪里,大家都是喜欢勤劳的人。从现在起你要学会扫地、洗手帕、擦桌子、吃饭拿筷子、搬凳子、整理书包……

她上大学时我也送她"三句话":诚相待(与人不要玩虚假)、做学问(各科成绩要保持在班上前 8 名、力争前 5 名)、树形象(要谨言慎行,不能像在家里,爸爸拍拍你的头叫小孩,你拍拍爸爸的头叫大孩,到外面不能这样)。

当她英国读研毕业开始工作时,我也送她"三句话":勤思考(多观察、多思考、不能全部按照书本上做)、多实践(要把文凭转化为水平、把知识转化为能力,就必须多做事,真正把理论与实践结合好,这样才能把能力转化为业绩)、做好事(做事对自己负责,还要对别人负责、对社会负责,绝大多数人能认可,经得起时间和实践的检验）。

当她到了谈婚论嫁的年龄时，我还是送她"三句话"：学识人（什么人品德好、什么人品德不好；什么人性格好、什么人性格不好）、学交友（什么人可塑性强、潜力大，什么人可塑性弱、潜力小，什么样的朋友可交，什么样的朋友不可交，什么样的朋友交到什么程度）；学恋爱（当男孩子追你时，不能轻易答应，当你认为基本符合择偶条件的，可以作为朋友交往，作全面地、系统地、深刻地考察了解，重点是他在家庭、学校和工作单位的真实表现，对父母、祖父母、穷人、富人的态度以及个人卫生习惯、家务劳动、公益事业、同学同事的关系、学习成绩、工作业绩等。确定恋爱关系后不宜再变卦，同时要处理好恋爱与学习、工作的关系）。

通过采取上述一系列办法，我女儿长大后，非常如我所愿。她在学习、工作、婚姻方面，没有让我们夫妇多操一份心，多用一分"冤费钱"。她在孝敬长辈、培育子女方面也做得非常好。

附1：

我在女儿结婚典礼上的致辞（节选）

2008年5月24日

在这庄重而热烈的婚礼上，作为父母，向两个孩子说几句话：一是好好做人。做对国家有用的人，做对家庭有责任心的人，做让亲友、同事引以为豪的人；二是好好学习。不断地学习新知识、新理念、新技术，不断地增长才干；三是好好相爱。在今后共同生活的日子里共仰高洁、光前裕后，磨合建设与维护完善自己的婚姻；四是好好工作。努力把每一项本职工作都做到位，在工作中实现自己的人生价值！

今天，我非常感谢从四面八方赶来参加我女儿婚礼的各位来宾。在过去的岁月里，你们曾经关心、帮助、支持过我的工作和家庭，让我女儿一直有个比较理想的家庭环境。你们是我全家人最敬重和铭记的人，我在这里向你们致以诚挚的谢意。同时拜托各位在今后的日子里，方便时多关照、指点、提携两个孩子。

附2：

我在外孙十岁生日宴上的致辞（节选）

2019年2月6日

今天是我外孙十岁生日。请大家来，一是陪伴小朋友一起欢度生日；二是让小朋友知道，他的成长有这么多的亲人、这么多的长辈在关注他、牵挂他。

十岁，标志着小朋友即将结束天真幼稚的童年生活，开始逐渐走向懂事、成熟的少年、青年时代。

未来的十年，对他来说是非常非常重要的十年。在这十年中，他将要读完小学、中学、考入大学，这是直接关系到他一生命运的十年！虽然如此重要，我作为他的外公，今天却不想送他什么生日礼品，实际上是不想助长他的优越感，只想送他"三句话、九个字"。

第一句话"不怕苦"，希望博远小朋友从小学会吃苦、不怕吃苦、甘于吃苦、苦中寻乐。

第二句话"不怕难"，希望博远小朋友从小培养不服输、不认怂的性格，从小学会正视困难、挑战困难、知难而进、迎难而上、化难为易。

第三句话"争优秀"，希望博远小朋友从小严格要求自己，致力做到思想品德优秀、各门功课优秀、参加活动优秀。做到别的同学能学好的科目，他一定要学好；别的同学能做好的事情，他一定要做到比别的同学更好；别的同学有爱心，他一定做到比别的同学更有爱心，尽力做到关心人、帮助人。真正做到像家长为他取名字时所想的那样，做到博学、博才、博爱到永远。让老师喜欢、同学喜欢、家长喜欢、亲朋好友喜欢。

各位亲朋好友，过去你们给了博远小朋友许许多多的呵护、陪伴和熏陶。今后还真诚地期望大家在方便时配合我们帮助、培养博远小朋友不任性、不懒惰、不自满、不自私、不贪图享受；继续帮助我们教育博远小朋友热爱学习、热爱劳动、追求进步；继续帮助我们引导博远小朋友把优越的生活条件和大家对他的厚爱转化为自觉学习的动力。

最后，衷心地祝愿博远小朋友"德、智、体、美、劳"全面发展，将来成为同学追捧、老师称赞、同事认可、家长荣耀的社会顶尖人才。

附3：

我在外孙女百日宴上的致辞（节选）

2019年10月3日

今天借助我外孙女百日宴的机会，答谢在座各位在过去岁月里，对我及家人的关心、帮助与厚爱。

我外孙女学名：陈博尧，乳名：小黄豆。

从传统、风俗习惯来讲，我外孙女理应跟爸爸姓吴。我夫妇在外孙女没有出生前，一直是这么想的，也一直是这么与我女婿及我的亲家大哥说的。可是他们一直坚持博尧跟妈妈姓，并风趣地说："陈姓旺女。"这完全是对我陈家人的尊重与抬爱。在此，我万分感谢我的亲家大哥父子俩。

小博尧的乳名为什么叫小黄豆？其原因是和我女儿相处十多年、亲如姐妹的好朋友黄女士，曾多次向我女儿诚恳地提出要做我外孙女干妈。为了表达对黄女士夫妇的尊重，所以博尧的乳名改为小黄豆。

各位贵宾，多了孙女多了话题，多了热闹多了忙碌，更多了甜蜜多了幸福！小博尧的出生，给我们长辈多了一份陪伴、多了一份寄托、多了一份欣赏！

可爱的小博尧，虽然我们都非常爱你，但是更希望你长大后做一个不依赖他人而独立生活的女孩。你名字中的尧，取的是尧舜的尧，就是希望你长大后能时常以先贤的精神来激励和鼓舞自己，不做依附于大树的藤蔓，而要做深深扎根于大地的大树。可爱的小博尧，虽然你今天还听不懂我和你说的话，但是我会用文字记载下来，等你识字了、懂事了，再拿给你看，与你爸妈一起引导你、教育你、培养你，祝愿你从小走好每一步、快乐健康成长。

各位嘉宾，小博尧的未来，除了自己奋发努力、父母精心培育外，还请在座各位，在今后的日子里、在方便时，给小博尧多引导、多指教、多帮助，力争使她从小就开始学做人、学做事、学知识、学处世；力争使她从懂事起，就能逐渐做到讲道理、明是非、爱劳动；力争使她从懂事起，就能做到不任性、不懒惰、不怕苦、不浮躁、不懦弱、不自私、不自满、不贪图享受。

　　最后，我衷心期望小博尧长大后真正做一个德才兼备、对社会有用的人；真正做一个勤奋工作、受领导和同事敬重的人；真正做一个不断进取、让家人和亲友引以为豪的人！

后　记

　　本书起草于我参加工作四十五周年之际，全书共分四个篇章。第一篇叙述的是我从业中的主要经历和印象最深、感触最大、收获最多的故事，并附了一些相关资料，使故事内涵更为丰富。由于时间间隔长，我又没有写日记的习惯，可能在一些具体时间、数据、情节等方面有些细微偏差，但事情的真实性毫无疑义。第二篇选用了一些我在有关会议上的专题发言和讲话，并选用了一篇人民日报记者采访我的相关报道，目的是对第一篇内容的细化、补充与衬托。第三篇写的是我的从业感言，是对第一、二篇内容的归纳、提炼和升华，以便读者对我从业中的想法、做法、感悟有更直观、更全面、更深刻的了解。第四篇主要讲述我用从业中积累的知识与经验，培养女儿的过程及效果。

　　写本书的目的，一是回顾我四十六年工作的主要历程；二是歌颂党的改革开放政策；三是抒发我对父母的怀念之情；四是表达我对所有关心、帮助、支持我工作的领导、同事、同学、亲友及我的爱人的感恩之心；五是供年轻晚辈们参考，希望对他们有所启示。

　　在叙述时，为使文章简洁，只是把有关事情说清楚、道理讲明白，没有对有关人当时的原话和做法完全铺开，有些内容用"略"或省略号省掉。所涉及的有关单位就用"某单位"代替，涉及的有关人即用职务、字母或"某某某"代称。

　　因为本人一直在基层工作，所以文字表达中口头语言比较多，缺少语言文学的艺术性、知识性和感染力。有些事例、有些内容、有些语句，在本书中重复出现，主要是因为在不同时间、不同地点、不同对象、不同情形下需要表达同样的意思。总之，该书只能说是一本资料汇编，仅是我在工作和生活中的积累与思考。如有欠妥之处，恳请读者批评赐教。

本书编写过程中，得到多位知己的领导、同事、同学、亲友的鼓励和润色；得到编辑人员的指导和帮助，得到家人的配合和支持。在此，我对他们一并表示深切的谢意。

陈志凌

2020 年 6 月